人権は二つの顔をもつ

金泰明
Taemiyong KIM

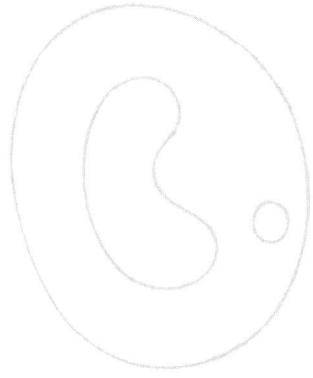

トランスビュー
TRANSVIEW

人権は二つの顔をもつ＊目次

人権は二つの顔をもつ

装幀　高麗隆彦

第1章　人権の視点を変更せよ

疑うことから始めよう

私の名前は、金泰明（きむ・てみょん）。大阪生まれの在日韓国人二世である。在日韓国人とは、戦前の三十六年間（一九一〇〜一九四五）、日本が朝鮮半島を植民地支配した時期に、さまざまな理由で朝鮮半島から日本に渡ってきた朝鮮の人びとと、その子孫をいう。

なかでも日中戦争が泥沼化しはじめた一九三〇年代末からは、不足した労働力を補うために強制連行がはじまった。その数は、のべ六十万人にものぼるといわれる。

私の両親も朝鮮半島南端の済州島《チェジュド》の出身で、ともに十代の頃に職を求めて大阪に渡ってきた。日本で生まれた二世の私の国籍は韓国。日本の国籍法は血統主義を採用しているので、日本で生まれても、外国人の子どもは外国人のままである。だから私は在日韓国人二世である。もし私が、アメリカで生まれていたとしたら、アメリカ国民になる。アメリカでは出生地主義をとっていて、外国人を両親にもつ子どもでも、アメリカで生まれればアメリカ国民になるからだ。

私は現在、大阪にある私立大学の法学部教員をしている。専門は人権論と共生社会論である。大学では法哲学を教えている。大学の教員になる前は、韓国の政治犯の釈放を求める市民運動体の、専従スタッフとして生活していた。今でいう人権のＮＧＯである。

ＮＧＯ（Non-Governmental Organization）とは、国連憲章第七一条のなかで最初に使われた用語で、「非政府組織」とか「民間団体」と翻訳されているが、わかりやすくいえば非営利の市民団体のことだ。ＮＧＯには、人権にはじまり開発や環境、平和などさまざまな問題に取り組み、しかも国境を越えて活動する国際的な団体が数多くある。

私は二十代前半から四十代前半までの二十年間を、二つの人権ＮＧＯのフルタイムスタッフとして過ごした。はじめの十五年間は、在日韓国人政治犯の救援会（第2章で詳しく述べる）、後の五年間は、在日韓国民主人権協議会という市民団体の専従スタッフであった。

二十年間の社会的な人権活動に携わった後、角度を変えて研究者として「人権」を究めたいと思い、四十四歳のときに大学院に進学した。大学院での研究テーマは「人権の原理」と「共生」である。六年間、西欧の近代哲学を中心に古今東西の哲学・思想を学んだ。博士号を取得した論文のタイトルは、「人権概念とマイノリティの権利の原理的考察――キムリッカの多文化的市民権と在日コリアン」。いま勤めている大学では、「現代社会と人権」、「人権の諸問題」、「多文化共生論」、「法哲学」などを担当している。

気がついたらこのように、私は二十歳代前半から現在までのおよそ四十年もの歳月を、社会活動家や研究者として人権に関わり、考え、発言してきた。いったいなぜ、私は人権を考え論じるのか、を考えてみたい。

だからといって早とちりしないでほしい。私はここでやみくもに、いのちを大切にしようとか、困っている人に優しい人間になろうとか、いつでも正しい行ないをしようとか、説教をしようというのではない。

人権を論じるとは、それを批判することである。批判は、疑うことからはじまる。なぜ人権は普遍的といえるのか、その根拠はなにか？　人権は、〈私〉の人生で遭遇する困った問題や社会のさまざまな難問を解きほぐすのに、はたしてどのように役立つのか。人権を疑うことによって、その意味と可能性を確かめたいのだ。

公設市場での事件

人権は、英語では〝Human Rights〟（ヒューマン・ライツ）という。「人間らしく生きる権利」という意味だ。「権利」とは、あることをしたりしなかったりできる自由を認め合うことをいう。だから人権とは、人が人間らしく自由に生きることを、みなが互いに認め合い尊重しあうことだ。世界人権宣言の第一条は、「すべての人間は、生まれながらにして自由であり、かつ、尊厳と権利とについて平等である」と謳っている。

私が人権の意義を痛感するようになった最初のきっかけは、民族差別である。大学生になったばかりの頃、アルバイト先の公設市場で、見知らぬ一人の在日朝鮮人のおばさんが、何一つ悪いことをしていないのに、市場で働く日本人のおじさんから朝鮮人と罵《ののし》られ、ひどい仕打ちを受けるのを目撃した。

日本人も朝鮮人も、同じ人間ではないか、朝鮮人は「劣った存在」ではないし、ましてや辱めを受けたり差別されたりする理由はないはずだ、彼女も私も自分の意志で朝鮮人として生まれたのではない、自分の意志でない結果に対して人は責任をとれない、朝鮮人への民族差別は不当で許せない、私も彼女も「同じ人間だ！」、と思った。

そこにあるのは、理不尽な差別への怒りと同時に、「自分を大切にしたい」という思い、いわば自尊の感情であった。自分に責任がなく、正当な理由がないにもかかわらず、自由が奪われたりぞんざいに扱われたりしたとき、人は自尊心を傷つけられたと感じる。人間としての尊厳が台無しにされるとは、つまり人権が損なわれたということだ。そんなとき、人間の尊厳を謳う世界人権宣言のことばが身にしみて、心からその通りだと思うのだ。

不当な差別にまけず、自分を大切にしたいと思うようになると、それぞれの他者のなかにもある「自分を大切にしたい」という気持ちに、自然と敏感になる。同じように不当な差別を受けたりのけ者にされたりしている、他の人々の存在が気にかかるようになる。

日本社会には、部落出身者やアイヌの人々、女性、障害者、ＨＩＶ患者、ハンセン病回復者などの、さまざまなカテゴリーのマイノリティが存在する。どうしたら、こうした人々が人間らしく生きていけるのか、差別を必要としない人間同士の関係や社会を、どのように構想するか、と考えざるを得ないのだ。それが、とりもなおさず人権を考えることだと思う。

自分が経験した差別体験をきっかけに、一切の不当な差別をなくし、差別で苦しむ人々が人間的に暮らせる社会を構想したい。こうした思いが、私がつねに人権にこだわり、論じ続ける第一の理由である。

価値対立を克服するために

私が人権を論じる二つ目の理由は、二十世紀の終わりに米ソの対立という冷戦が崩壊した後、世界ではよりいっそう人権のもつ価値が重要になった、と考えるからだ。つぎに述べるように、二十一世紀の日本社会と国際社会が直面する難問を解決するために、人権が最も重要な役割をはたすと思うからだ。

二十世紀は、革命と戦争の時代といわれた。一九一七年のロシア革命後に成立した社会主義陣営は、七十余年にわたり世界の半分を占め、人民の上に君臨し続けた。二十世紀に、世界は二度の世界大戦を経験した。第二次世界大戦後、世界は米ソ二大国による東西冷戦に突入した。冷戦の時代には、人権の価値よりも国家の論理と価値が優先された。

一九八九年十一月九日、ベルリンの壁が崩壊。その後、雪崩を打ったようにソ連をはじめとする社会主義陣営は瓦解し、四十余年間つづいた米ソ対立は終わりを告げた。

壊れたのは、東西ベルリンの壁だけではない。南アフリカで長年にわたって白人と黒人・有色人種を分け隔ててきた、アパルトヘイトという名の人種差別の「壁」が崩れ落ちた。一九九〇年二月十一日に、二十七年半もの間、獄中で囚われの身であった黒人解放運動のリーダー、ネルソン・マンデラが釈放され、翌年、アパルトヘイト関連法が廃止、一九九四年にはマンデラが大統領に選ばれた。南アフリカは着実に民主化の道を歩みはじめた。

東西ベルリンの「壁」と南アの人種差別の「壁」の崩壊が意味するのは、人権の価値よりも国家の価値を優先する社会は、いずれ内部から壊れる運命にあるということだ。

アパルトヘイトは、異なる人種の人々を差別し抑圧し排除する、いわば人間そのものを否定する思想にもとづいた制度だった。社会主義体制では、革命の理念を掲げる一党が、支配者として国家のすべての権力を独占し、社会の一切合切《いっさいがっさい》を決定した。そこでは、党と国家による情報操作と恐怖政治の下で、資本の私的所有は禁止され、個人の自由は封殺された。

社会主義陣営とアパルトヘイトの崩壊という二つの歴史的な出来事は、自由を根本原理としないいかなる社会も、早晩、内部から崩れ去っていく運命にあることを示している。二十一世紀に向けて、世界はあらためて社会の基本的な価値として、自由と人権の大切さを再認識したといえる。

しかし、冷戦後の国際社会には、新たな困難が生じた。東西冷戦に代わる南北対立である。一方では、慢性的な飢えと貧困に苦しむ「南」の人びとがおり、他方、「北」に広がる格差や人権侵害は後を絶たない。また世界各地で民族紛争や宗教対立が激化し、新たな人種差別と排外主義が台頭した。二十一世紀の国際社会で生じているさまざまな民族対立は、しばしば、世界観や社会構想における深刻な原理的緊張をはらんでいる。それは、「価値対立」という事態である。

価値対立とは、文化や歴史、宗教あるいは思想などの面で異なる価値観が衝突し、ときには紛争にまで至ることだ。各々の集団が、自らの信じる価値観を固持してその正当性を譲らない。信念と信念とがぶつかり合い、反目する。ときには自らの命を懸けて、その信念を守り通そうとする。

冷戦後の日本社会は、本格的な少子化・高齢化・国際化の時代に突入した。政府や国際機関の統計によれば、二〇一五年の日本では「四人に一人」が六十五歳以上の老人となり（実際には二〇一三年末に突破した）、二〇五〇年には、「四人に一人」が外国人になると予測している。今後、グローバリゼーションが進むにつれ、日本社会への外国人労働者の受け入れは、より一層加速すると見られる。二十一世紀の日本社会は、先にのべた従来の先住民や、さまざまなマイノリティの人々に加え、膨大な数の外国人が居住する社会となることは必至である。そうした人びとの大半が、文化や価値観を異にする人たちだ。

すなわち、文化的に多様なアイデンティティをもつ人びとが、市民として地域や社会に定住し、さまざまな決定に参加し活動できるような日本社会のあり方が求められる。それは、ひと言でいえば、文化的多様性の受容と共生社会の実現である。

冷戦後の国際社会に渦巻く「価値対立」の克服という課題と、国際化時代に突入した日本社会が直面する「文化的多様性の受容」と「共生社会の実現」という課題には、共通点がある。これらの問題の解決のために、現代世界に残されたほとんど唯一の、しかも最も有力な共通の価値観こそ、普遍的な人権という思想である。普遍的人権という、人類に共通しうる基盤に立脚してこそ、二十一世紀の世界が抱えるさまざまな難問を解決する原理や一般的な物差しを取り出すことが可能だと思うのである。だからこそ、私はこれからもずっと人権に関わり、論じ続けたいと思う。

なぜ人権は、こんなにもよそよそしいのか

人権について、つねづね私の気がかりは、はたして人権は社会や人びとの気持ちにどれほど根付いているのかということだ。憲法には人権の尊重が高らかに謳われ、学校教育でも人権の大切さが教え込まれる。そうして誰もが、人権はすべての人に具わった普遍的なものとして受け入れているように見える。どんな人間であれ、ただ人間であるという事実だけで、人権を受け取りわがものにすることができる。人びとは一様に、人権尊重を口にするのだ。

しかし、それは建て前にすぎない。人によっては、内心では人権をやっかいなものと感じ、できれば関わりたくないと思っている。人権の尊重は理想かも知れないが、自分の生活とは無縁のものと考えている。その結果、ある人たちは、人権をよそよそしいものとして、うやうやしく神棚の奥に奉るのである。

なぜ、このようなことになってしまうのか。私なりに、その理由を考えてみた。

今日、文部科学省などの政府関係機関や教育者たち、あるいは人権のNGO・NPOの主張や考えを目にして気づくのは、総じて人権を道徳としてとらえていることである。

たとえば、人権擁護推進審議会答申（一九九九年七月二十九日、以下「答申」と略す）を見てみよう。「答申」には、人権は人間の尊厳に基づく固有の権利であり、人権教育は、生命の大切さを教え、他人を思いやる心を育てることだ、と書かれている。人権を尊重するには、なによりも

心の教育、つまり道徳教育が重要である。他人の権利を大切にし、自分の行動に責任を持つように、子供たちを正しく指導しなければならない。「答申」のいう自己の責任とは、他人の人権を尊重「すべきである」ということだ。それはしばしば、自分の権利や感情を後回しにしてでも、なさねばならない「義務」となる。

人権の研究者ピーター・ジョーンズは、人権概念の根底には「すべての個人はただ人間であるという本来的な価値をもつ」、という確信が横たわっているという。

確信は、ある時には、「人間の尊厳」という観念によって表わされ、またある時には「他者への尊敬心」というふうに言い表わされ、あるいは「他者を手段としてだけではなく、同時に目的として扱え」というカント的観念によって表現される。(Peter Jones, *Rights*, The Macmillan Press Ltd., 1994)

ここでいう「目的」とは、「他者の人格」を意味する。つまり、「他者を人格として扱え」というのだ。それは、カントが『実践理性批判』で示した道徳的法則のひとつで、現代人権論に決定的な影響力をもつものだ。カントは、人間の尊厳と他者の人格の尊重は、理性の法則・理性からの命令であり義務だという（カントは道徳法則や理性の命令を、実践的義務という意味で定言命法と呼ぶ）。

さらに、人権教育の研究者たちも同様に、人権を道徳的にとらえ、他者の権利を優先的に尊重すべしと教える。たとえば、カントになぞらえた提言では、「人間尊重の精神を養うためには、……道徳教育が必要である」、「民主主義社会の理想は、お互いが人間同士、目的として尊重し合い、尊重され合う、いわば『目的の共同体』である。カントは、これを象徴的に〈目的の国〉と呼んでいる。そこでは人間だれもが自分自身を人間として尊重するとともに、相手をもまた人間として尊重する」（尾田幸雄「道徳において人権教育をどう工夫するか」、『教職研修』二〇〇四年十月号）。カントは、社会の誰もが正しい人間や人格者になることが社会を善くすることだと考える。つまり、人権を尊重するには、よい人間、よい社会をめざす道徳教育が不可欠というのだ。

また、次のような主張もある。「人権教育は、弱者の権利の強化をめざす教育」であり、「その〈人権教育〉の出発点は、弱い立場の人々の要求があり、それを多数者が傾聴するところにある」（横島章「人権教育の経緯と内容」、同右）。はじめに他者（弱者）ありき。ひたすら、救済を求める他者の訴えに耳を傾け手を差しのべよ。

このように、人権教育に携わる多くの者が、人権を尊重するために、自分より他者の人権を優先し、よい人間になるべく人格を育成せよと説く。

人権を奪われている人びとや社会的弱者たちの人権こそが、真っ先に回復されねばならないという主張には、一理あることも確かだ。しかし、それはまず法や社会制度によって保障すべきものであり、政策のありようの問題であって、他者の人権の優先を個人の道徳的行為の原理とすべしというのは、いささか無理があって現実的ではない。よほど殊勝な心がけの人ならともかく、世間一般の人間、つまり私やあなたが、いつでもそのようにできるわけではない。こうした道徳的な説教を前にして、今日、多くの人びとは、違和感を抱いてたじろぎ、次第に人権を建て前と本音にわけてとらえるようになっている。

私が思うには、人権を道徳や義務として考えること、すなわち、自分よりも他者（弱者）を先に考え、ひたすら他者の声を聴けというのは、いわば「死んだ思想」である。もし、いつでも自分よりも他者のことを優先すべきならば、あるいはあらかじめ他者の言葉のなかに真実や判断の根拠が優先的にあるならば、人はそのような「はじめに結論ありき」の事柄に対して、自分が考えたり判断したりする動機や理由を見出せない。つまり、そこでは自分の感じ方や考えが後回しになり、自分の生活や人生に深く関係する事柄として「生き生き」と考えることができなくなるのである。もはや、それは「死んだ思想」というべきであろう。

道徳から哲学へ

人権が社会や個人に根づくためには、こうした道徳的な観点にもとづく主張とは違ったアプローチが必要だ、と私は考える。それは私流にいうなら、人権を哲学としてとらえることである。いわば、道徳から哲学への、人権の視点の変更である。それは、人権をよそよそしいものから親しいものへと立て直すことだ。すなわち、人権を「死んだ思想」から「生きた思想」へと、本来あるべき場所へ取り戻すことである。「死んだ思想」とは、さまざまな事柄を、自分自身の生活や人生に関わる「生きた問題」とは考えずに、避けてやり過ごすことだ。「生きた思想」とは、諸々の出来事を自分自身の「生きた経験」として感じ、考え、判断できることである。

「人権を哲学する」ということに、私は特別の意味合いを込めている。世間では久しく、哲学は真理探究の学とみなされてきた。が、私の考えでは、哲学とは、真理を追究する学ではなく、〈私〉の生活と人生を豊かにするアート〈技法〉である。多くの人びとにとって、哲学は世間や世事から遊離した別世界の学問に映る。哲学は、一握りの学者や専門家たちが難解なことばを操りながら、「真理」や「善」や「理想」についての議論ばかりをしてきたからだ。しかし本来、哲学は人間が生きる上で役立つものであり、人生を豊かにする技術であるはずだ。人は誰しも、生きるための〈思・想〉の力を具えもっているのだ。

人は、自分がもつ〈思・想〉の力によって、哲学をアート（＝技法）として、生活や人生で使うことができる。〈思・想〉の力とは、思考力と想像力である。〈思〉の語源は「田（あたま）＋心（心臓）」で、自分の頭で考え、心で感じることだ。それは自分の判断や感じ方にこだわること、いいかえれば、自分らしさを大切にすることだ。もう一つの〈想〉の語源は「木＋目＋心」で、木という対象を目で見てとらえること、つまり、自分の外側の世界や他者を知ろうとすることだ。〈思〉いは、自分を大切にすることであり、〈想〉いは、他者を理解しようとする心の働きのことである。よって〈思想〉とは、人と人とが共に生きていくための条件と可能性を探りだす営みである。

だから、「人権を哲学する」とは、はじめから人権を絶対的な価値や真理とみなしたりせず、金科玉条として推し戴くのでもなく、〈私〉の生活に役立ち人生を豊かにしてくれるアートとして、人権を理解し、使いこなせる道を探ることである。

さらにもう一点。人権を哲学としてとらえるとは、人間の〈欲望〉を抑えるのではなく、〈欲望〉の実現を肯定し、それを支えるものとして人権を考察することである。道徳の基本的な立場は、理性による欲望の克服にある。道徳は、つねに欲望や感性を押さえ込むことによって、利己主義や自己中心性に打ち克とうとする。しかしそこからは、自分と他者との自由と欲望を認め合う普遍的な原理はもたらされ得ない。

このことを述べた、たとえばルソーの含蓄あることばをひとつ。

> 権利の平等、およびこれから生ずる正義の観念は、それぞれの人が自分のことを先にするということから、したがってまた人間の本性から出てくる。（『社会契約論』桑原武夫・前川貞次郎訳、岩波文庫）

権利の平等や正義の観念は、人間の外側に「あらかじめある」ものではなく、自己の欲望と自己中心性という「人間の本性」を根拠に、自他の欲望を生かすために生み出されるということを、端的に述べた一文だ。

もし世間が、いつも「どうぞ、どうぞ」と他人に譲る人間ばかりになるとしたら、競争や対立はいっさい生じないだろう。みなが譲り合って争いを避けるのだから、やれ権利だの正義だのとうるさく言う必要がない。

が、実際はそんなことはありえない。権利や平等、正義といった諸々の観念は、人がみな、人間の本性である自分の欲望から、また「自分のことを先にする」という自己中心性から出発して考え行動するからこそ必要とされ、生み出される。欲望を抑えるのではなく、実現しようとするからこそ、競争や対立、衝突が生じる。対立や衝突が自分自身に関係するから、人は知らないふりはできないし、それらを緩和し解消しようと願う。こうして権利の平等や、正義などの観念が導き出される。

「人権を哲学する」とは、はじまりの一歩に立ち戻って、人権概念を成りたたせている根拠や原理を考察することである。それゆえ次章からは、絞り出すような努力によって人権概念を考案した近代哲学者たちの、人権、社会、政治に関する思想や原理を見てゆく。ホッブズ、ロック、ルソー、カント、ミル、ヘーゲルら人権の主唱者の考えを探り、また、ベンサム、ヒューム、マルクス、バークらの人権批判にも耳を傾けたいと思う。そして、現代の哲学者、思想家として、ハンナ・アレント、アマルティア・センや、グローバル時代における共生社会論を考察したキムリッカの社会論なども紹介したい。

第2章　権利は闘い取るものである　イェーリング

『権利のための闘争』との出会い

まず、私の「人権の哲学」との出会いから話をしよう。

私が最初に出会った人権思想家は、イェーリングである。イェーリングは、一八一八年にドイツに生まれた法思想家である。その思想は、明治初期にいち早く日本に紹介され、権利論の形成に大きな影響を与えた。二十代の前半、私は書店の棚を、目を皿のようにして「権利」や「人権」と名のつく本を探し回っていた。そのとき見つけたのが、彼が書いた『権利のための闘争』である。

当時、私は大阪の公立大学の学生であった。学業を半ば放棄して、毎日、在日韓国人政治犯の救援に走り回っていた。私が最初に手にした『権利のための闘争』は、日沖憲郎訳の岩波文庫の旧版で、旧字体で書かれていた。そのせいで少々読みづらかったが、しかし、〝自己の権利の不法な侵害に対する闘いは、権利者自身の義務である〟という、イェーリングの権利論の中心思想は、当時の私の心に飛び込んできたのである。

その一節を紹介しよう。

人格そのものに戦いを挑む卑劣な不法、換言すれば、これを企てる態度のうちに権利の蔑視、人格的侮辱の性質を帯びているような権利の侵害に対する抵抗は義務である。それは権利者の自分自身に対する義務である——なぜなら、それは精神的自己保存の命令であるから。
(『権利のための闘争』岩波文庫旧版、日沖憲郎訳、引用は新字新かな遣いに改めた)

うーむ。わたしは、我が意を得たりと思った。もう少し続けよう。

権利のための闘争は権利者の自分自身に対する義務である。

自己の保存の主張はおよそ生きとし生けるものの最高の法則である。それはあらゆる生物に自己保存の衝動となって現われる。だが、人間にとってはひとり肉体的生活ばかりでなく、精神的生存もまた問題となっているのであって、その精神的生存の諸条件の一つが実に権利の主張なのである。(同右、傍点は原書)

さらにつぎのもうひと言。イェーリングが、カントの「人倫の形而上学の基礎づけ」から引用したものだ。

自分自身を蛆虫《うじむし》にした者は、後になってたとえ足で踏みにじられても不平を訴えることができない。（同右）

権利は自分自身のために闘い取るものである。誰もが自己保存、つまり生命を守る権利を有しているが、権利の本質はそれにとどまらない。人権の本質は〈私〉の人格にある。人格とは、〈私〉が精神的存在であるということだ。もし自分の人格が傷つけられたり奪われたりしたならば、それを取り戻すために闘わねばならない。権利のための闘いは、自分による自分自身の闘いであり、「自分自身に対する人間の義務」である。

わが生命とともに己の人格を闘いによって守り抜け。わたしは、自分が探し求めていた人権思想にやっと巡り会えた、という感慨があった。そう感じたのは、そのころ産声《うぶごえ》を上げたばかりの在日韓国人政治犯救援運動にとって、いかにして政治犯のいのちと人格を守り通すことができるかが、問われていたからである。『権利のための闘争』のなかに、その問いの答えの根拠を見つけたように思えた。

分配の思想の実践

在日韓国人政治犯とは、一九七〇年代から八〇年代にかけて、韓国軍事政権によって「北朝鮮のスパイ」として弾圧され、「政治犯」として韓国の刑務所に投獄された在日韓国人たちのことである。二つの分断国家が南北に分かれて対峙する朝鮮半島は、互いを「不法国家」呼ばわりし、敵対してきた。韓国には北朝鮮との接触をいっさい禁じる国家保安法や反共法（後に廃止）、刑法のスパイ罪がある。在日韓国人政治犯は、これらの治安法によって「北朝鮮のスパイ」として弾圧された人びとである。

国家保安法や刑法のスパイ罪で逮捕された政治犯に対して、当局は彼らを、目的のためには手段を選ばない冷酷非情な輩《やから》と宣伝し、抹殺の対象として扱った。韓国社会では、共産主義者、「アカ」、「スパイ」というレッテルを貼られた政治犯たちはいっさいの人格を否定され、人間として扱われなかった。社会の偏見と非難に晒され、加えて過酷な獄中生活が彼らを待ち受けていた。

在日韓国人政治犯の獄中での暮らしぶりと、彼らが韓国内の人びとの偏見をいかにして変えていったのかを示すエピソードを紹介しよう。それは私が、釈放された韓国人の元政治犯のKさんから実際に聞いた話である。京都出身の在日韓国人政治犯の徐勝《ソ・スン》・徐俊植《ソ・チュンシク》兄弟の、弟の方の徐俊植さんのエピソードだ。

Kさんはつぎのように話した。

徐俊植さんは、いつも笑っています。ある日、私は俊植さんと矯導所（刑務所）の中で、話し合うことができました。「俊植さん、今、何を勉強しているのですか」、「韓国の詩人、崔夏林《チェ・ハリム》を読んでいます」。私は、俊植さんは〈アカ〉〈スパイ〉なのに、どうして韓国の詩人を読んでいるのか、スパイも詩を読む心を持っているのか、と思いました。私自身、韓国政府の反共教育で洗脳されていたのです。

なかに入った政治犯は、皆生きながらえるために領置金（差し入れ金）をためこみます。ある牧師は二〇〇万ウォンもためました。そして自分のために使う。私も最初そうでした。しかし徐俊植さんは、オモニ（母）からの差し入れ金で物を買っては、洗面所や運動場にいく際に、廊下を歩きながら監房の差し入れ口から、物を一つ一つ投げ込んでいくのです。ずっとそうしていました。自分のお金を平等に分配したのです。私はこれだ！と思いました。分配の思想は、やがて人から人に伝わり、いつの間にか、全州矯導所では、差し入れ金は全部、分配するようになっていました。

矯導所の中では、「北のスパイ」も学生も労働者も平等に生活しています。これが韓国を救う思想だ、実践だ、と皆が思いました。外に出て、分配の思想を広げたら、平和な国になるのではないかと考えました。分配の思想こそ民衆の思想です。私は民衆の思想、分配の思想を彼から学んだのです。

当事者としての闘い

『権利のための闘争』には、重要な思想が込められている。それは、「当事者性」である。

忘れもしない一九七五年十一月二十二日、韓国政府は「学園浸透スパイ団事件（通称「一一・二二事件」）」を発表した。関西在住の十三名の在日韓国人青年と学生が逮捕された。これを機に、私は在日韓国人政治犯の救援活動に参加し、それ以降、一九九〇年までの十五年の歳月を、救援運動のフルタイムスタッフとして活動することになった。

逮捕された青年・学生のなかには、私の知人や友人の五名も含まれていた。「一一・二二事件」のほかにも、韓国政府は、留学や商用あるいは親族訪問などの目的で韓国に渡っていた在日韓国人を逮捕・投獄し、「北朝鮮のスパイ」として弾圧を重ねた。その数は氏名が判明しただけで、二百名以上に上る。

政治犯の救援運動の目的は、なによりもまず政治犯たちの生命を守ることだ。生きてこそ、釈放はかなう。当時、六名の在日韓国人政治犯が死刑囚として西大門《ソデムン》拘置所に収監されていた。西大門拘置所は、朝鮮総督府時代の朝鮮半島で植民地統治に反対した独立活動家や愛国者が、政治犯として囚われの身になった場所だ。第二に重要なことは、政治犯の人権擁護だ。とりわけ過酷きわまる獄中生活で、人間として生きていくための基本的権利の保障である。拷問や虐待の監視、外部の家族や友人との面会や手紙のやりとり、通信の保障がそうだ。さらに第三には、一日も早く釈放を勝ちとることである。

そしてもうひとつ、見落としてはならない重要なことがある。それは、政治犯本人が蹂躙《じゅうりん》された自らの権利を取り戻すために、「闘う権利」を守ることである。

政治犯救援運動に加わった当初、私は逮捕・投獄された青年や学生の家族や友人たちと連絡を取り合い、なんども話し合いを重ねた。その結果、みなで力を合わせて「当事者」の救援運動体を立ち上げようということになった。当事者とは、とりもなおさず、人権を弾圧された政治犯本人と彼らの家族たちのことである。人権を奪われた本人が立ち上がり、自らの人権を取り戻すことなくしては、ほんとうの自由や解放は実現しない。人権を蹂躙された本人が、自らの人権の回復のために立ち上がって闘わねばならない、つまり、人権を奪われた「当事者」が主人となる救援運動を起こさねばならない。このように考えたのだ。

同様に、『権利のための闘争』が強調するのは、「権利の主張は精神的自己保存の義務」であるということだ。つまり、権利のための闘いは、ほかならぬ自分自身による自分自身の人格のための闘いであり、それは自分が生きていくための義務である。だから、政治犯救援運動のほんとうの当事者は、政治犯自身である。そしてまた、「自分の権利のために闘う政治犯」を支える運動が、本来の救援運動なのである。

『権利のための闘争』は日本にどのように紹介されたか

『権利のための闘争』は、一八七二年に発表されるや、世界各国に翻訳された。ヨーロッパをはじめ、ロシア、アメリカ、ブラジルなどで次々に翻訳されている。日本には、一八八六年（明治十九）に、西周《にしあまね》が紹介した。

岩波文庫旧版『権利のための闘争』の改訳版序には、書名を巡る変遷が書かれている。この書は、最初の「西周の手に成る『学士匝令《イエーリング》氏権利争闘論』」につづき、一八九四年（明治二十七）に「権利競争論」（宇都宮五郎訳）、一九一五年（大正四）には「権利争闘論」（三村立人訳）、さらに一九二七年（昭和二）にも「権利闘争論」（松島烈雄訳）として出版されている。こうしてみると『権利のための闘争』と日本との関係は古く、それが日本で、ことに人権思想が受容され定着するのに、大きな影響を与えたといえる。

イェーリングは『権利のための闘争』の中で再三再四、カントの道徳的自由論（『実践理性批判』）から多くを援用している。いうまでもなく、その中心思想は、「他者を手段としてだけではなく、自分の人格と同様に他者の人格も尊重せよ」という道徳上の実践的義務である。『権利のための闘争』は、カントの道徳論を十九世紀という時代に適用したものである。そしてまた、イェーリングを通して、カントの道徳的自由論が日本に輸入されてきたともいえる。カントの道徳的自由論は、日本の人権思想にはかりしれない影響を与えたのであるが、私の考えでは、それは功罪半ばする。その点については、後の章で詳しく論じることにしよう。

第3章　「権利」という言葉の変遷

明治期の啓蒙思想家の努力

私たちは、ふだんなにげなく「権利」とか「人権」という言葉を口にする。誰もが、人権は、すべての人間が平等に、生まれながらにしてもつ、誰からも奪われない権利であると教えられてきた。

では、日本では、いつ、誰によって「権利」や「人権」という言葉が生みだされ、根づいたのだろうか。

日本では、幕末から明治初期にかけて、思想家たちによって精力的にヨーロッパの法制度や権利概念が取り入れられた。西周、津田眞道《つだまみち》をはじめ、加藤弘之、植木枝盛《うえきえもり》、馬場辰猪《ばばたつい》、福沢諭吉らが、オランダ、ドイツ、フランス、イギリス、アメリカなどの欧米諸国の政治思想を貪欲に吸収し、日本に輸入する一方で、自由と民権をめぐって論争をくり広げた。

この時期に日本で翻訳出版された書物を見ると、トクヴィルの『上木自由論』（『アメリカの民主政治』の部分訳、小幡篤次郎訳、明治六年）、ミルの『代議政体』（永峰秀樹訳、明治八年・十一年）、ルソーの『民約訳解』（中江兆民訳、明治十五年）、ホッブズの『主権論』（文部省編集局訳、明治十六年）、フィセリングの『性法略』（神田孟恪訳、明治四年、性法は自然法〈natural law〉のこと）、マキャヴェリーの『君論』（永井修平訳、明治十九年）などがある。

また、権利や人権、民主主義を論じた書籍としては、西周の『万国公法』（明治元年）、津田眞道の『泰西国法論』（明治元年）、加藤弘之の『真政大意』（明治三年）および『人権新説』（明治十五年）、馬場辰猪の『天賦人権論』（明治十六年）、植木枝盛の『天賦人権弁』（明治十六年）などがある。

特筆すべきは、福沢諭吉の『学問のすゝめ』である。冒頭の「天は人の上に人を造らず人の下に人を造らずと言えり」。すっかりなじんだこの一句は、平等な天賦人権の思想として受けとめられている。『学問のすゝめ』は明治五年（一八七二）の発行後、明治十三年に至るまで約七十万部が発行された。初版だけでも二十二万冊、これに気をよくした福沢諭吉は、「これを日本の人口三千五百万に比例して、国民百六十名のうち一名は必ずこの書を読みたる者なり」と自画自賛している（『学問のすゝめ』序文、岩波文庫）。

これに劣らないのが、前章で紹介したイェーリングの『権利のための闘争』である。一八八六年（明治十九）に西周によって『学士匝令氏権利争闘論』として翻訳出版された後、さまざまに書名を変えて出版が続けられたが、一九三一年に岩波文庫の『権利のための闘争』（日沖憲郎の初訳本）として定着した。それ以降、岩波文庫版『権利のための闘争』は、一九八二年まで四十二刷を重ね、村上淳一による新訳版に継いだ。現在の村上淳一訳版は一九八二年から二〇一三年現在に至るまでに四十四刷を重ねている。岩波文庫の『権利のための闘争』だけでも、これまで四十万部が発行され、人びとの間で読み継がれてきた。権利や人権ということばが日本社会に行き渡るのに、これらの書物は大きな影響を与えたに違いない。

これら多くの書籍を通して、「権利」の概念は日本に取り入れられたが、権利ということばとして定着するまでには、さらに変遷を経なければならなかった。このあたりの事情は、『人権のはじまり』（尾川昌法、部落問題研究所）と『〈権利〉の選択』（笹澤豊、勁草書房）に詳しい。また、明治期の啓蒙思想家たちの翻訳書や著作は、『明治文化全集』（日本評論社）の自由民権編、法律編、政治編に収録されている。これらを参考に、権利に関する用語の変遷を追ってみよう。

レグト、ライト、レヒト

江戸幕府の第十五代将軍・徳川慶喜は、一八六二年、西洋の造船技術の習得を目的に、榎本武《えのもとたけ》揚《あき》をオランダに派遣した。幕府の軍艦咸臨丸には、幕府の開設した「蕃書調所《ばんしょしらべしょ》（のちの洋書調所）」に勤めていた西周助（のちの周）と津田眞一郎（のちの眞道）が、留学生として同乗した。彼の地で西と津田は、ライデン大学でフィセリング教授から、カント哲学、経済学、国際法などの「政事学諸科」を学んだ。

帰国後、西周は一八六六年（慶応二）に『万国公法』を江戸幕府に献上、一八六八年に公刊している。これはフィセリング教授の講義の口述筆記を翻訳したものである。西周は、『万国公法』でオランダ語のregt（レグト）を「権」と「法」とに訳した。regt（レグト）は国際法上の「権利」と「法」という意味であった。「人権」という言葉は、まだ現われていない。

オランダ語のregt（レグト）は、英語でいうright（ライト）にあたる。英語のrightは、ドイツ語のRecht（レヒト）に由来する。Rechtの意味は、正義・権利・法である。ちなみに『権利のための闘争』のドイツ語の原書名は、"Der Kampf um's Recht"である。イェーリング自身は『権利のための闘争』の冒頭で、「権利＝法（レヒト）の目標は平和であり、そのための手段は闘争である……権利＝法の生命は闘争である」とし、レヒトを権利と法の二重の意味で定義している。同じようにフランス語のdroit（ドロワ）やイタリア語のdiritto（ディリット）も「権利」と「法」の二つの意味をもつ。対して英語のrightは権利と正義であり、法の意味はない。法は英語では、law（ロー）である。

一方、津田眞道も同じ一八六六年に、フィセリング教授の講義ノートを元に、『泰西国法論』を刊行した。『万国公法』が国際法を扱ったのに対して、『泰西国法論』は国内法の紹介であった。このなかで、初めて「人権」という言葉が使われた。しかし訳語はまだ一つに定まらず、民法における「人権」、国家に対する住民としての「通権」、あるいは「本権」や「権義」、「名分」などと訳されている（津田眞一郎「泰西国法論」、『明治文化全集第九巻――法律篇』日本評論社、および尾川昌法『人権のはじまり』）。

また、津田らと同じく洋書調所の一員であった加藤弘之は、一八八六年に『立憲政体略』を出版し、「私権」の章において「権利」の語を用いている（『明治文化全集第八巻――政治篇』）。

天賦人権論と福沢諭吉

福沢諭吉の『学問のすゝめ』初編の書き出しのことばは、注意してよく見ると、「天は人の上に人を造らず人の下に人を造らずと言えり」とある（傍点は筆者）。「と言えり」とは伝聞、つまり、アメリカ独立宣言のつぎの一文を伝えたのである。

> われわれは、つぎの真理を自明のものとみなしている。それは、すべての人は生まれながらにして平等であることだ。すなわち神によって、すべての人は侵されざるべき権利を与えられている。その権利には、生命、自由、そして幸福の追求が含まれる。これらの権利を確固たるものとするために、政府が人民のあいだに制定され、政府の正当な権力は統治されるものの同意に由来する。そしていかなる政府といえども、これらの目的を否定し損なうときには、人民はその政府を変更したり、廃したりして、人民の安全と幸福が最大となるような原理のうえに立つ新しい政府を設ける権利をもつ。（The United States Declaration of Independence, 1776、アメリカ独立宣言をわかりやすく翻訳した）

福沢諭吉は、一八六六年（慶応二）に発刊した『西洋事情』初編において、「千七百七十六年第七月四日、亜米利加十三州独立の檄文」と題して、アメリカ独立宣言を翻訳した。その際、福沢は「ライト（right）」を「権利」ではなく、「通義」と訳している。

「天は人の上に人を造らず人の下に人を造らず」は、まさに天賦人権の思想をひとつかみにした言葉である。天賦人権とは、言いかえれば、自然（天）から与えられた、生まれながらの権利、つまり自然権である。実際、アメリカ独立宣言と同じ一七七六年に発布されたヴァージニア権利章典は、「すべて人は生来ひとしく自由かつ独立しており、一定の生来の権利を有する」としている。これは、フランス革命の人権宣言にも影響を与えている。一七八九年の「人および市民の権利宣言（人権宣言）」は、人権を「人の譲渡不能かつ神聖な自然権」とした。

法や権利を好きかってに決定し、人びとの権利を奪い、自由を圧迫していた「絶対的な権力」をもつ専制国家に対抗して、自然権思想（天賦人権説）の眼目は、人権を「絶対的な権利」とすることによって、個人の生命や自由あるいは所有権を守ることにあった。それは、「前国家的な権利」、すなわち国家でさえ奪うことのできない絶対的権利とされた。

アメリカ独立宣言にはほかにも、見落としてはならない重要な思想が示されている。それは、「政府の正当な権力は統治されるものの同意に由来する」こと、「人民はその政府を変更したり、廃したりして、人民の安全と幸福が最大となるような原理のうえに立つ新しい政府を設ける権利をもつ」ことである。すなわち、アメリカ独立宣言の中心思想は、自然権思想（天賦人権論）、同意による支配、そして人民の抵抗権・革命権にある。福沢諭吉は、アメリカ独立宣言の思想を深く理解していた。

ただし、福沢諭吉は、アメリカ独立宣言の翻訳にあたっては、「権利」や「人権」ということばを使っていない。福沢諭吉は「ライト（right）」を「天賦の権利」とせず、「通義」としたのである。そのあたりの苦心を『西洋事情』で述べている。

原文は難しいので、現代語にいいかえてみる。「〈ライト〉とはもともと〈正当〉という意味である。この意味から転じて、求められるべき道理という意味で用いることもある。漢字では〈達義〉とか〈通義〉などと訳したが、正確に翻訳するのは難しい。また事を行なう〈権〉という意味もある。また当然所有するはずのことという意味もある。すなわち、私有の〈通義〉といえば、私有の物を所持するはずの〈通義〉ということになる」。

また、『学問のすゝめ』の「人は同等なること（人権平等論）」の章において、福沢諭吉は「権理通義」や「権理」も用いている。人と人とが平等であるのは、「有様の等しきを言うに非ず、権理通義の等しきを言うなり」、つまり性別や貧富の差などの属性ではなく、人格として平等なのだという。「権理通義」とは、「人々その命を重んじ、その身代所持の物を守り、その面目名誉を大切にするの大義なり」（『学問のすゝめ』）。すなわち、「通義」や「権理通義」、「権理」には、生命の尊重と所有や人格（名誉）、そして正しさや道義（大義）の意味が込められている。それゆえ、「ライト」を「通義」や「権理」とする福沢諭吉の説を支持する学者や研究者が、今なお後を絶たない。

ところで、「ライト」を「権利」とし、幸福と自己の利益の追求を人間の本性とみなす思想家もいた。たとえば、加藤弘之は、「利」にもとづき、「利」を保護する政体を構想した。加藤によれば、「権利」は幸福や自己の利益を求めてやまない人間の本性に由来するゆえ、正当性をもつ。

結局、「権利」が一般に広がり根を下ろしたのは、自由民権運動期だといわれる。

しかし明治期の啓蒙思想家の多くは、社会の価値規範の土台に、個人の「利」を置くことをよしとしなかった。「権」は「測る」の意だから、「権利」は利でもって測ることであり、「権理」は理性でもって測る、という意味である。個人は自分の欲得から離れて「理」に立って、つまり道徳的正義から他者のために為すべき、という考えにこだわっていたのである。

「理」はやがて、「他者を人格として尊重し扱え」というカントの道徳法則としての実践的義務に出会う。日本に紹介された天賦人権論は、道徳的人権観と結びついて日本社会に大きな影響を与え、戦前戦後と一貫して受け継がれ、絶対的な普遍的人権として成立する。

しかし、自然権にもとづく天賦人権論を土台にした人権思想は、さまざまな思想家によって批判に晒されることになる。

第4章 自然権の思想 トマス・ペイン

トマス・ペインの問い

人権とは不思議なものである。いわゆる先進国の人たちは、老若男女や貧富の差、肌の色や民族の違いなどを問わず、誰もが人権を持っていると信じている。では、なぜ、いつからそうなのか、と説明を求められると、すぐには答えられない。この問いは、これまで多くの思想家や哲学者たちを悩ませてきた。

ここでは、トマス・ペインの『人間の権利』（*Rights of Man*）を取り上げて、人権の本質とその由来について考えてみたい。紙幅の関係上、『人間の権利』の第三章「権利の本質とその起源とについて」を中心に紹介し検討する。

ジャーナリストで政治家・思想家のトマス・ペインは、アメリカ独立革命の熱心な主導者で、後代に建国の父のひとりとして称えられる。『人間の権利』の他にも、ペインは、フランス人権宣言を英語に翻訳するなど、フランス人権宣言を広く世界に普及するために尽力した。また、

『コモン・センス』（常識論）を著してイギリスの世襲君主制を批判し、イギリス本土からのアメリカ植民地の独立は「常識」であると主張した。ペインの『人間の権利』と『コモン・センス』は、アメリカ独立革命に大いなる影響を与え、その推進力となった。

さて、ペインは、「権利とは一体どのようなものであるか、またそもそも人間はどのようにしてその権利を手に入れたのか」と自問する。ペインの問いは、二つだ。権利とは何か、そしてそれは何に由来するのか。いわば、権利の本質と起源の問題である。

まず、権利の本質について。ペインによれば、人間の権利とは、「生存しているとの理由で人間に属する権利のこと」である。ペインはこれを自然権とよぶ（『人間の権利』西川正身訳、岩波文庫）。

自然権思想は、幕末から明治初期に渡米・渡欧した福沢諭吉ら啓蒙思想家によって日本に伝えられ、天賦人権論として広められた。「天」とは、さしあたって生まれつきを意味する。つまり、天賦人権とは、すべての人間は生まれながらにして平等の権利をもつ、という思想である。生まれながらの権利だから、自然権と呼ぶ。それは各国の憲法にも取り入れられている。日本国憲法第十一条は、「国民は、すべての基本的人権の享有を妨げられない。この憲法が国民に保障する基本的人権は、侵すことのできない永久の権利として、現在及び将来の国民に与へられる」としている。このように、天賦人権は、自然権の別名であり、後の基本的人権の土台となった。

つづいて、権利の起源について。では、なぜ、人はみな平等に生まれついての権利をもつのか。それはどこから、誰によって生じるのか。その答えのひとつが、一七七六年のアメリカ独立宣言に見出せる。

われわれは、自明の真理として、すべての人は平等に造られ、造物主によって、一定の奪いがたい天賦の権利を付与され、そのなかに生命、自由および幸福の追求の含まれることを信ずる。（「アメリカ独立宣言」、『人権宣言集』岩波文庫、傍点は筆者）

万人に平等な権利は、「造物主」によってもたらされた。天賦人権の「天」のもうひとつの意味は、造物主、すなわち天地・万物の支配者としての神である。よって、天賦人権とは、神によって与えられた、生まれながらに平等な権利である。

アメリカ独立宣言には、天賦人権のもつ三つの重要な特徴が示されている。第一に、「すべての人は平等に造られ」ていること、第二に、人権は「造物主によって与えられた」ということ、第三に、それは「一定の奪いがたい権利」であることだ。つまり、天賦人権とは、神によってすべての人間に賦与された、生まれながらの、平等で、誰からも奪いがたい絶対的な権利である。

アメリカ独立宣言に表われた自然権思想は、後のフランス革命にも大きな影響を与えた。一七八九年のフランス人権宣言「人および市民の権利宣言」（全十七条）は、前文ではっきりと「人の譲渡不能かつ神聖な自然権を提示することを決意した」と謳っている。さらに「第十七条、所有権は、神聖で不可侵の権利であるから……これを奪われることがない」（傍点は筆者）。これらは、アメリカ独立宣言のいう「神によって賦与された不可侵の権利」とほぼ同じ内容である。

ベンサムとバークの天賦人権論批判

しかし、アメリカ独立宣言やフランス人権宣言で唱えられた、神による絶対的な自然権思想は、さまざまな思想家たちのすさまじい批判や論難を浴びることになる。

功利主義の思想家ベンサムは、アメリカ独立宣言を「混乱とばかばかしさのごたまぜ」といい、さらにまた、フランス人権宣言をやり玉にあげた。「人は、自由かつ権利において平等のものとして出生し、かつ生存する」という同宣言第一条に対し、ベンサムは、「人間は生まれながらに自由ではなく、権利においても平等ではない。政府が設立され、法が存在することによって初めて、自由、平等である」と批判した。ベンサムは、政府が設立される以前に、すでに自然権があると想定するのは愚かでナンセンスだというのだ。ベンサムは、自然権や社会契約論を否定し、権利や義務は「慣習」から生じると主張する。

英国の政治家エドモンド・バークは、もっと激烈である。『フランス革命についての省察』（一七九〇）において、フランス革命とくに「人および市民の権利宣言」を、「政治的形而上学的な不細工な詭弁」と非難する。フランス革命の理論家たちが身のほどをわきまえず主張する権利なるものは、どれもが極端な議論であり、形而上学的な真理というが、実は道徳的政治的には偽りだという。バークはフランス人権宣言の掲げる人間の権利を、「この錦の御旗は、……一切が詐欺であり、不正である」と切り捨てる（『フランス革命についての省察』）。

権利の源泉に関するバークの主張は、自由や権利（公民権）は神に基づく自然権ではなく、先祖から世襲の長子への相続財産だという。権利は古来、先祖からの伝統であるという考えは、後世の保守思想家や研究者が自然権や絶対的な人権を批判する際に、ひとつの論拠としてしばしば引き合いに出される。

たとえば、評論家の西部邁は、「人権神授説が不動の教説となっているというのは笑止の沙汰」であり、権利は伝統の道理に根ざしているという（『保守思想のための39章』ちくま新書）。本書においても、別の機会に、こうした人権への批判的な言説のいくつかをとりあげ、検討を加えようと思う。

トマス・ペインの反論

そもそもペインの『人間の権利』は、フランス人権宣言を罵倒したバークの『フランス革命についての省察』に反駁するために書かれたものだ。ペインとバークは、政治家として互いに「熟知の間柄」であったが、ペインは「反駁の必要を痛感」し、あえてバークに論争を挑んだ。第一部は一七九一年に、第二部は一七九二年に出版された。ペイン自身が、第一部だけでも「イングランド、スコットランド、アイルランドで出た部数が少なくとも四万から五万部に達した」と述べているように、当時、相当大きな反響を呼んだ。

さて、バークの『フランス革命についての省察』を手にしたトマス・ペインは、「フランス革命と自由の諸原理に対して加えられた言語道断な侮辱である」と、深く驚き失望する。ペインが二冊の『人間の権利』をとおして擁護しようとしたのは、まさにフランス革命そのものと、自由の原理にもとづく国家である。フランス革命を「人間復興という崇高な名称こそふさわしい」と賞賛し、フランス人権宣言の最初の三条の諸原理に起源をもたない国家は、「自由な国と呼ぶことはできない」と言い切っている。その三条とは、自由かつ権利における平等の擁護、自然権(自由・所有権・安全・圧政への抵抗)、国民主権の原理である。

『人間の権利』には、神に由来する権利と自由への信奉が語られ、自由なアメリカを建設しようとする、まぶしいほどの確信と使命感が満ち溢れている。私には、自信と希望に満ち満ちたペインの姿は、後に、ペインを崇拝する詩人ホイットマンが『草の葉』のなかで賛美した、「新しい人間」に重なり合うように思える。

底知れぬ情熱と脈搏と活力に溢れる「いのち」をそなえ
奔放な行動にふさわしく神聖な法則に従って造られた、陽気で、
「新しい人間」をわたしは歌う。(「「自分自身」をわたしは歌う」、『草の葉』酒本雅之訳、岩波文庫)

ペインのトートロジー

再度、ペインの問いに立ち戻ろう。なぜ、人はみな平等な、生まれついての権利をもつのか。それはどこから、何によって生じるのか。ペインは人間の起源と、その権利の起源にたどり着いた。それが、「人間の一体性」というアイデアである。「人間の一体性」とは、「人はすべて「同じ一つの階層」に属するものであり、したがって、万人が生まれながらにして平等で、しかも平

等な自然権を持っていること」である（『人間の権利』）。

ペインは、「人間の一体性」を、「天地創造や伝統的な説話」のなかに共通するものとして発見したという。なかでも旧約聖書の天地創造の記述こそが、「人間の一体性ないし平等性」についての完璧な起源であり、人間の平等性が、「記録にとどめられた最古のものである」という（同右）。人間の持つ平等な権利としての自然権は、神聖なもので、旧約聖書の天地創造に由来する、というのがペインの主張である。

さらにペインは、自然権と市民権とを区別する。自然権は、「生存しているとの理由で人間に属する権利」であり、市民権は「社会の一員であるとの理由で人間に属している権利」である。しかし、市民権もまた、自然権から生じたと唱える。「それぞれに個人的な至高の権利を持つ「個々の人々自身」が「相互に契約を結んで」政府を作り出した、というのが事実であったに相違ない」（同右）。

はじめに権利ありき。

ペインは、神から授かった、生まれながらの権利をもつ個人が、契約によって政府をつくったと考えるのだ。

自然権であれ市民権であれ、ペインが考える権利の根拠、すなわち「人間の一体性」と「相互契約」の二つは、キリスト教思想（旧約聖書の天地創造）とロックの人権思想（社会契約論）に由来する。それはまた、アメリカ独立宣言に込められた中心思想である、自然権思想（天賦人権論）、同意による支配、人民の抵抗権・革命権に重なるものである。

私は思う。フランス革命を支持擁護し、自由の原理を手放すことなく新しい国家の建設に邁進したペインの情熱と確信には、敬意を覚える。しかし、『人間の権利』で語られた権利の本質と起源についてのペインの主張は、普遍性をもちえない。たしかに、「人間の一体性」は、聖書の教えに由来する「天地創造や伝統的な説話」を信奉する人びとにとって、宗派を超えて一致できるものかもしれない。だが、聖書とは異なる宗教や伝統を信じる人びとには、モーゼの天地創造を核とする「人間の一体性」は、心に響きようもない。ましてや宗教的な物語を受けつけない人びとにとっては、なおさらのことである。

キリスト教伝説を土台にしたペインの「人間の権利」は、思想や信条を超えて万人に届くとは思えない。普遍性を有する人権思想とは言い難い。どのような民族も、固有の神や英雄に関する伝説や物語、つまり宗教をもっている。物語としての宗教は、それを信じる特定の人びとにとっては共通の世界像を与えるが、民族や宗教を超えて万民に共通の普遍概念にはけっしてなりえないからだ。

また、論理の面においても、問いと答えが同一である。平等に生まれついたという権利の起源を探し求めたら、「万人が生まれながらにして平等で、しかも平等な自然権を持っていた」、すなわち「人間の一体性」という概念に到達したという。これは明らかにトートロジー（同義反復）で、ただ問いをくり返しているにすぎない。

さらに、ペインの人権思想は、ロックをはじめとする先人の人権哲学をなぞり、補足したものといえる。私はそこに、ペイン独自の新しい人権の哲学や、誰もが了解し活用できる新しい人権原理を見出すことはできなかった。

神から人間の尊厳へ

とはいえ、ペインの『人間の権利』でくり広げられた自然権・天賦人権思想は、現代の普遍的な人権概念が形成されるのに、決定的な影響を及ぼしたのも事実である。

もう一度、確認しておこう。天賦人権とは、神がすべての人間に賦与した、生まれながらの、平等で、奪うことのできない絶対的な権利である。現代では、「神」の代わりに「人間の尊厳」が新しい人権の根拠として登場し、普遍的人権概念の礎《いしずえ》となっている。現代社会においては、「人権はただ人間であるという事実だけですべての人が享受できる権利である」という、自然権的な人権観があまねく受け入れられている。いわば、こうした普遍的人権観が社会の常識となっている。

この「常識」を問い直し吟味すること、これが、本書の課題のひとつである。

第5章 〈私〉から出発する

デカルト

人権の常識を疑え!

近代西欧に誕生して以来、世界中に広まった普遍的な人権思想、人権とは、ただ人間であるという事実だけで、すべての人が享受できる権利である。はじめに、「神」を根拠にした天賦人権論・自然権思想が登場し、次いで「人間の尊厳」に由来する普遍的人権観が広まった。

世界人権宣言第一条は、「すべての人間は、生まれながらにして自由であり、かつ、尊厳と権利とについて平等である」と謳っている。日本国憲法第一一条には「国民は、すべての基本的人権の享有を妨げられない」とある。享有とは、生まれながらに授かり持つこと。だから、一人一人の人間が生まれながらに平等に人権をもっている、と学校では教えられる。今では多くの国の人びとが、自然権的な普遍的人権観を自明のこととして受け入れているように見える。自明だから、何の証明も要らない。つまり、その根拠を疑う必要がないほどあきらかなことだ。普遍的な人権は、もうすっかり常識となったように見える。

疑われることなく明々白々な常識となった人権。常識とは、その根拠を疑うまでもない、社会に共通の明白な知識をいう。ではほんとうに、人権の普遍性は、その根拠や理由を問うことなくわかりきったことなのだろうか。このように疑うのは、多くの人びとが、普遍的な人権を建て前と本音で使い分けている現実があるからだ。うわべでは人権を尊重すべしといいながら、心の奥底では人権をやっかいなものに思っている。建て前としてしか人権の普遍性を受け入れていない。人権は、自分の生活とは無関係なきれいごとにすぎない。

しかし、いくら頭では人権の普遍性を認めようとも、人権を自分の生活や人生に役立つものとして上手に使いこなせなければ、いかほどの価値があろうか。せっかく天から授かった人権という宝物を持ち腐れにして、なんともったいないことであろうか。

「猫に小判」。

だからここで立ち止まって、常識としての人権の普遍性を問い直すことにしよう。なぜ、人権が普遍的といえるのか。その根拠を吟味し、確かなものにしてこそ、誰もが納得でき、使いこなせる人権思想となりうるのだ。

デカルトの方法

常識にはもう一つの重要な意味がある。それは、ものごとの真偽、善し悪しを判断する尺度としての知恵である。かつて、権利は権理ともいわれた。権理とは、理性によって測るという意である。つまり、常識とは、理性であり良識でもある。このような意味で常識から出発し、常識を徹底的に疑い反省したのが、近代哲学の父、デカルト（一五九六～一六五〇）である。
巷の研究者の間では、近代人権思想はホッブズからはじまったとされる。しかし、私が思うには、デカルトこそが近代人権思想、とりわけ「哲学としての人権」の、最初の礎を築いた哲学者である。

本書のはじめに、私は「道徳としての人権」から「哲学としての人権」へ、視点の変更をめざすと述べた。現代の人権論の多くが、人間の尊厳という超越的な価値を人権の根拠とし、人権を尊重する「よい人間」をめざそうという。いわば、現代における人権論のたいていが、価値的な道徳論、つまり「道徳としての人権」を唱えている。

しかし、私は「哲学としての人権」に立ち戻るべきだと考える。人権を「哲学する」とは、人権を絶対的な価値や真理にとどめずに、〈私〉の生活に役立て、人生を豊かにしてくれるアートとして、人権を了解し使いこなすことである。

これから語るのは、「哲学としての人権」が創案されるのに大きな影響を与えたデカルトの思想の意義である。デカルトは自らの哲学原理について、『方法序説』（一六三七）、『省察』（一六四一）、そして『哲学原理』（一六四四）で詳しく展開している。ここでは、『方法序説』を中心にデカルトの思想を見ていこう。

デカルトは『方法序説』の冒頭で、つぎのように述べている。

良識（常識――筆者注）はこの世でもっとも公平に分け与えられているものである。（中略）

> 正しく判断し、真と偽を区別する能力、これこそ、ほんらいの良識とか理性とか呼ばれているものだが、そういう能力がすべての人に生まれつき平等に備わっていることだ。（中略）良い精神を持っているだけでは十分でなく、大切なのはそれを良く用いることだからだ。
> （『方法序説』谷川多佳子訳、岩波文庫、傍点は筆者）

良識は「正しい分別」、「真偽を判断する能力」の他に、ラテン語に由来する「知恵」という意味もあるという。デカルトは「良識」を「理性」や「自然の（生まれながらの）光」ともいう。小林秀雄は『常識について』のなかで、良識（フランス語でボン・サンス）も、常識（コモン・センス）も、共に外来語に由来する同様の意味を持つ言葉だが、「常識という言葉があれば事足りる」と述べている。よって私も、ここでは小林秀雄にならい、良識といわず「常識」という言葉を用いることを断っておく。

さて、先にあげた『方法序説』の冒頭には、後の人権概念につながる二つの大切な思想が込められている。

第一に、常識（理性）はすべての人に生まれつき平等に具わっているということだ。第二に、常識をうまく使いこなすことが大事だということである。

常識、つまり人間のもつ理性（＝認識能力）は、どのようにして世界を正しく認識できるのか。そのためにデカルトが採ったのは、方法的懐疑という方法である。「疑わしいものは虚偽とかんがえるべきである」（『哲学原理』桂寿一訳、岩波文庫）。世界のすべての存在を疑うことから出発する。そうすると、「我々は疑っているとき、自ら存在していることを疑うことはできない」。

私は考える、ゆえに私は存在する

いくら世界の存在すべてを疑っても、疑っている当の「考える私」という存在を否定することはできない。「思惟するものが、思惟しているその時に存在しないことは不合理だからである」（同右）。方法的懐疑によって得られた結果が、「思う私」という存在である。

では、「疑う私」はいかにして世界を正しく認識できるのか。デカルトの答えは、それは「神」に由来するというものだ。人間の認識能力の正しさを保証するのは神である、というのだ。そのためには、神が存在することを証明せねばならない。いわゆるデカルトの「神の存在証明」である。

この「神の存在証明」をかみ砕いて説明しよう。

まず方法的懐疑によって得たのは、「疑う私」が確かに存在することだ。「疑う私」が存在するならば、〈私〉がさまざまな「観念」を持っていることも明らかで疑い得ない。

つぎに、〈私〉はいつも疑問だらけの存在だから、〈私〉は不完全な存在である。不完全な存在である〈私〉がもつ観念もまた、不完全である。だが、不完全な〈私〉は、たとえば神のような「完全な観念」を持っている。では、いったいこの「完全な観念」は、どこから生じたのか。完全な存在である神の観念が、不完全な〈私〉から生まれたと考えるのは矛盾する。不完全な観念から完全な観念は生まれないからだ。

そうであるならば、〈私〉のなかにある完全な観念は、〈私〉以外の「完全な」何ものかからもたらされたと考えるほかない。「完全な」何ものかとは、神以外にあり得ない。〈私〉がもつ「明晰かつ判明である」観念や概念は、完全な存在である神から、不完全な存在である〈私〉へ与えられたものだ。だから、完全な観念をもつ神が存在する。そう考えるしかない。

このようにしてデカルトは、「神の存在証明」を行なったのであるが、それは敬虔なキリスト者としての自らの信仰心を証明するためではない。デカルトの意図は、理性、つまり人間の認識能力の正しさを導くことにあった。完全な存在である神は嘘をつかないから、人間は神から享受した理性の力によって、世界を正しく認識できるはずだ。

神から授かった、生まれながらに平等な理性の力（常識）。それは、神によってすべての人間に賦与された、生まれながらに平等で絶対的な権利という自然権思想と、同じ論理構造である。しかしデカルトのいう「常識」は、その根本において自然権思想と大いに異なる特徴をもつ。天賦人権論・自然権思想は、人間の「外側」に神や人間の尊厳という超越的価値をおくことによって、絶対性や正当性を確保する。それとは対照的に、デカルト的な意味での「常識」は、人間の「内側」にある理性の力、言いかえれば、自分自身で判断する「自由」から出発し、世界に立ち向かうのである。それが「私は考える、ゆえに私は存在する」のもつ意味である。

常識を使いこなすということ

小林秀雄の『常識について』は、秀逸なデカルト論である。小林秀雄は、デカルトの思想、とりわけ『方法序説』に描かれた「思う私」の概念の深遠を探り、それがもつ意味を明快に語っている。小林秀雄によれば、デカルトは、常識をもつことを、心が健康であることと同じように考えたが、また一方、健康な者ほど健康について考えない、というジレンマに気づいていた。それゆえ、デカルトは「誰でも持ちながら、誰も反省しようとしないこの精神の能力（常識――筆者注）を徹底的に反省」することにした。「常識」を自らの哲学の中心にすえて探求することによって、新しい哲学を切り拓いた。小林は次のようにいう。

常識とは何かと問うことは、彼（デカルト――筆者注）には、常識をどういうふうに働かすのが正しくまた有効であるかを問うことであった。（『常識について』角川文庫）

常識を問うことは、「常識の使用法、働かせ方」を問うことにほかならない。ものごとの真偽や善悪を判断するものさしとして常識を持つだけで、満足してはならない。肝要なのは、常識を使いこなすことである。

では、いかにして常識を活用するのか。デカルトの思想の根本にあるのは、知識や思想が根を失い、ことごとく死んでいると判断できる自分を信じること、いいかえれば人間の自発性というものの確信である、と小林秀雄はいう。そのためには、「疑う余地のないほど、きわめて明瞭に判然と、自分の心に現われたものしか、判断のうちに取り入れぬこと」だ。

デカルトは、当時、ヨーロッパ最高峰といわれるイエズス会のラ・フレーシュ学院で、人文学とスコラ哲学を修めた後、ポワチエ大学で法学と医学を学んだ。それ以外にも、デカルトは入手できる書籍は「すべて読破した」と回想している。九年間に及ぶ厳しい修学の末に、疑いと誤りに悩まされている自分に気づき、自分の無知を思い知らされたという。そうしてデカルトは、文字による学問をまったく放棄し、「わたし自身のうちに、あるいは世界という大きな書物のうちに見つかるかもしれない学問だけを探究しようと決心」したのである（『方法序説』）。

こうしてデカルトは、旅に出る。あちこちを訪ね歩き、さまざまな人びとと出会い交流し、たくさんの経験を積み、自分に試練を課し、「いたるところで目の前に現われる事柄について反省を加え、そこから何らかの利点をひきだす」ために努力したのであった。そうした経験から得たもの、それが「わたしを基にして判断する自由」であった。デカルトの目には、当時の人文学はいわば「死んだ思想」に見えたにちがいない。学者の思弁は、もっともらしく見せようとすればするほど才知や技巧に走り、また常識から遠ざかれば遠ざかるほど学者の虚栄心を満足させるだけのものであって、「それ以外には何の益ももたらさない」と、デカルトは考えた。

デカルトは、すべてのことに明晰で確実な知識を獲得できると期待させるような学説は、この世に一つもないのだと考える自由、すなわち「わたしを基にして判断する自由」を選びとったと述べている（『方法序説』）。「わたしを基にして判断する自由」から出発することこそが、真理を見出しうる道である、と彼は考えた。それには、目の前に現われる事柄について反省し、そこから何らかの利点をとりだすことだ。なぜならば、人が何かについて深く考え反省するのは、それが「自分に重大な関わりがある」からだ。

デカルトは、数ある学者たちの言説を「死んだ思想」としてしりぞけ、世間にある常識のなかに「生きた思想」を認めた。「生きた思想」とは、諸々の出来事を自分自身の「生きた経験」として感じ、考え、判断できることである。およそ人が真剣に「考える」のは、それが〈私〉に関係のある事柄であるからだ。いま、ここにいる、自分自身の「生きた経験」として、感じ、考え、判断すべき事柄としてとらえることが、「私が考える」ということだ。それは、自分の行為や、社会や世界の出来事の意味を、自分の内側にある感性や理性を拠りどころにして「考える」ことである。言いかえれば、「わたしを基にして判断する自由」とは、自分を中心にして世界に向かうこと、つまり、自己中心性から出発することだ。

小林秀雄は、デカルトの「考える私」を「人間の自発性というものの確信」ととらえる（『常識について』）。「思う私」から出発して常識をうまく働かせ、生活の指針とすることをめざす。これは誰にもできることだ。デカルトはそう確信している。このように小林秀雄はとらえた。「思う私」という自発性からの出発は、後のルソーの思想に通ずるものがある。ルソーは、人間の本性は自分の欲望であり、「自分のことを先にするということ」、すなわち自己中心性から出発して、正義や権利といった諸々の観念が生まれる必然性を考察した。人びとが、各々の欲望を実現しようとするから対立が生まれる。対立が自分自身に関係するから、人はそれを解決しようと願う。こうして人びとがともに生きていくための、さまざまな観念や概念が導き出される。

世界人権宣言の意味

デカルトは、「考える私」という自発性から出発して、「常識」を正しく働かせよと提言した。このように考えると、先にあげた世界人権宣言にちりばめられた言葉は、大切なことを語っている。

> 第一条　すべての人間は、生まれながらにして自由であり、かつ、尊厳と権利とについて平等である。人間は、理性と良心とを授けられており、互いに同胞の精神をもって行動しなければならない。（傍点は筆者）

人権は、ただ与えられているだけではない。理性と良心によって、それを使いこなさなくてはならない。そのように、世界人権宣言は「宣言」している。人権宣言をたんなる高邁《こうまい》な「宣言」に終わらせることなく、使いこなしなさい。世界人権宣言の一文は、私たちにこのように語りかけている。

第6章　人間の尊厳とは

ピコ・デッラ・ミランドラからカントへ

二十世紀的自然権

人権の根拠とは何か。現代では、神に代わって人間の尊厳が、普遍的人権の根拠となった。第二次大戦後、人間の尊厳は普遍的人権の根拠として、国際社会のさまざまな人権文書や、各国の憲法のなかに取り入れられた。こうした現象をとらえて憲法学者の芦部信喜は、人権の根拠を人間の尊厳に求める思想を、「二十世紀的自然権」思想と呼ぶ（芦部信喜『憲法学Ⅱ——人権総論』有斐閣）。

十八世紀に誕生した自然権思想、それがなにゆえに二十世紀的自然権思想として持ち上げられたのか、というと、それは人権の普遍性を正当化し、絶対化するためである。両者の違いは、「神」から「人間の尊厳」へと、人権の普遍性の根拠が変化したことだ。

自然権思想・天賦人権論は、ロックらの社会契約説と結びついてより強力な社会思想となり、神に由来する「絶対的な権力」をもつ専制君主に対抗し、同じく神から授かった「絶対的な権利」となる。国家は、個人の生命や人権、社会の安全を守るために設立されたのだから、国家権力はかって気ままに個人の権利を制限したり、禁止したりしてはならない。もし、国家が社会契約の目的に違反すれば、人民はこうした国家を変更できる権利をもつ（これを抵抗権・革命権という）。このように十八世紀の自然権思想・天賦人権論は、国家権力に個人の人権を認めさせる上で大きな役割をはたした。

ところが、二十世紀になって、人類は未曽有の革命と戦争の時代に突入し、世界各地で深刻な人権侵害が引き起こされた。ナチスによるホロコースト、二度にわたる原爆投下、民族紛争による大量虐殺など、個人の権利を守るべき国家権力によって、数知れぬ人びとの命が奪われ、人権が蹂躙された。こうした国家の暴走を食い止め、人びとの人権を正当で不可侵で揺るぎないものにするために、人権の絶対的な根拠が求められた。そこで持ち出されたのが、国家を超越する絶対的な価値としての「人間の尊厳」である。

第二次大戦後、国際社会や先進諸国は、なによりも人間の尊厳を謳い、人権の尊重を掲げはじめた。たとえば国連憲章（一九四五）の前文では、「基本的人権と人間の尊厳及び価値」に関する信念をあらためて確認すると謳った。世界人権宣言（一九四八）も、第一条「すべての人間は、生まれながらにして自由であり、かつ、尊厳と権利とについて平等である」。国際人権規約（「社会権規約」および「市民権規約」、一九六六）は前文で、「権利が人間の固有の尊厳に由来することを認め」、さらにウィーン宣言及び行動計画（一九九三）も前文で、「すべての人権は、人間に固有の尊厳と価値に由来する」と明言した。

憲法に眼を向ければ、ドイツ連邦共和国基本法（一九四九）は、冒頭の第一条で「人間の尊厳は不可侵である。これを尊重し、かつ、保護することは、すべての国家権力の義務である」とした。また、スイスは一九九九年の国民投票によって新憲法を採択し、第七条で「人間の尊厳は、尊重され、保護されなければならない」とした。

人権文書や憲法だけではない。一九六〇年代以降のアメリカにおける公民権運動を筆頭に、世界中の反差別・人権擁護運動体が、人間の尊厳を人権の核心的な概念ととらえて、差別や人権侵害に異議申し立てを行ない、生存権をはじめとする権利の確立のために闘ってきた。

人権の普遍性の根拠

戦後の日本でも、アジア侵略の反省を踏まえて、平和と人権を基調とする新しい憲法づくりが進められた。平和に関しては、憲法前文に「政府の行為によつて再び戦争の惨禍が起ることのないやうにすることを決意し」とある。

政府（国家）に対し、国民の生命と権利の擁護を義務づけるために、次のように定められた。「国民は、すべての基本的人権の享有を妨げられない。この憲法が国民に保障する基本的人権は、侵すことのできない永久の権利として、現在及び将来の国民に与へられる」（第一一条）。先の芦部信喜は、この第一一条の文言にこそ、基本的人権の「固有性」「不可侵性」「普遍性」、つまり絶対的な人権思想が込められているという。

また、日本国憲法の起草委員で戦後憲法学の大御所の一人である宮沢俊義は、人権の根拠について、「人権はすべての人間に生来的に、一身専属的に付着するものであり、実定法で制限することができない」ものである、という命題を立てる。

> 人権に関するこの命題が成立しさえすれば、その根拠は、神でも、自然法でも、そのほかの何でもさしつかえないのである。今日多くの国では、人権を承認する根拠として、もはや特に神や、自然法をもち出す必要はなく、「人間性」とか、「人間の尊厳」とかによってそれを根拠づけることでじゅうぶんだと考えている。（宮沢俊義『憲法Ⅱ——法律学全集四』有斐閣、傍点は筆者）

宮沢俊義によれば、人間性や人間の尊厳にもとづく人権の概念が成立するには、ルネサンスや宗教改革のなかで育まれた個人主義の台頭を待たねばならなかった。宮沢は個人主義を、「あらゆる政治的価値の根元が個々の人間にあるとする原理」といい、これを人間主義（ヒューマニズム）と呼ぶ。というのは、個人主義が成立した社会では、価値の根元が「神」から「人間」へと変化しているからだ。個人主義に基づく近代社会では、一人ひとりの「人間らしい生」が政治の目的となる。それを実現するために、人権が要請されるのだ。政治的な価値の実現は、個人が自由な存在としてみなされることなしにはありえないし、それを保障するものが人権なのである。

宮沢が腐心するのは、社会の土台としての人権思想は法律を「超越」しなければならない、という命題をどう成立させるかである。この命題を正当化するためならば、人権の普遍性の根拠は

「神でも、自然法でも、そのほかの何でもさしつかえない」。人権の普遍性は、法によって根拠づけられてはならない。もしそうなると、法が人権を制限し否定することもできるから、人権に関するこの命題は成立しない。だからこそ、法を超える「権威」が必要とされる。宮沢は、人権は法を超越すべきという命題を正当化するために、「人間の尊厳」という超越的な価値を、人権の根拠として恣意的に取り入れたのである。

こうして人間の尊厳は、人権の普遍性のゆるぎない根拠として、かつ万人がめざすべき目標として採用され定着した。以来、人間の尊厳は、普遍的人権の根拠の「玉座」に君臨している。人間の尊厳は普遍的人権の根拠の位置を占めたばかりか、いかなる批判にも揺るがない、絶対的な価値となったかにみえる。

しかしいずれの人権文書にも、人間の尊厳の観念がいかなる内容をもつのかはほとんど言及されないまま、自明のものとされている。「人間の尊厳」が、国際人権法の概念として完全に確立しているとは必ずしもいえない現状がある。現代的人権論における人間の尊厳の概念は、法的概念としては必ずしも明確に定義されないまま、人権の根拠という地位が確立されたといえよう。

さらに、人間の尊厳を人権の根拠として恣意的に持ち出したことが問題である。言いかえれば、人権の根拠の「恣意性」という問題である。

そこで、今や常識となったかに見える人間の尊厳を問い直すことにしよう。人間の尊厳とは、いったいどこからやってきて、どのような内容をもつのか。人間の尊厳の由来と、その中身を考えてみたいと思う。

ピコ・デッラ・ミランドラ

　人間の尊厳の概念は、時代と場所によって多義的である。古代ローマでは、公的生活における個人の功績と評価のこととされ、キリスト教では神の似姿のことであり、カントの哲学においては個人の自由・自律と定義づけされた。さらに十九世紀の社会主義思想では、人間的生存のための社会的最低条件とされた（西野基継「人間の尊厳の多義性」）。

　人間の尊厳はキリスト教と深い関係をもつ概念であり、カトリック教義の根本概念として長い歴史をもつ。カトリックの教えでは、人間が尊厳をもつのは、とりもなおさず、人間が「神の似姿」として造られたからである。

　中世以来、人間の尊厳を自由と結びつけて論じた最初の思想家は、イタリア・ルネサンス期のピコ・デッラ・ミランドラである。ピコは、『人間の尊厳について』を著し、神に由来する人間の精神は、動物と違って、あらゆる自然的な束縛から自由であり、したがって無限の価値があると主張した。では、自由な人間は、どこに向かうべきなのか。ピコは、つぎのように述べている。

> 私（神）はおまえ（人間）を世界の中心に置いた。（中略）おまえ（人間）は、下位のものどもである獣へと退化することもできるだろうし、また上位のものどもである神的なものへと、おまえの決心によっては生まれ変わることもできるだろう。（『人間の尊厳について』大出哲他訳、国文社、括弧内は筆者注）

神は、人間以外の動物を自然の因果関係の法則のなかにおいたが、人間には一切の条件を課さなかった、つまり自由な存在としたのだ。「神は人間を世界の中心に置いた」のだから、人間は、獣に成り下がることもできるし、あるいは神の存在に近づくことも可能である。神から自由を授けられた人間は、結局、自分の運命を自分の意志で選ばなければならない。ピコの、人間の尊厳の考え方の中心にある、自由な選択・自己決定という思想は、後代の哲学者にも受け継がれていく。それが、つぎに見るデカルトとカントである。

カントの「人間の尊厳」概念とその批判

デカルトのいう自由な精神とは、神から授かった、生まれながらに平等な理性の力、言いかえれば、自分自身で判断する自由から出発し、自分を中心にして世界に立ち向かうことである（デカルトについては前章参照）。

「人間の尊厳」は、現代の普遍的人権概念を根拠づけるキーワードとなっているが、そこには、カントの「人間の尊厳」観が色濃く反映している。カントは「人間の尊厳」を、自由、自律、価値、人格などさまざまにいいかえて使う。カントのそれは多義的な概念である。もし人間に固有な尊厳があるとすれば、それは人間が自由で自律的な存在であるということだ。カントは、理性によって自分自身の行為を律することを、自由や意志の自律と呼び、そしてまた、理性を持つから人間には尊厳があるという。

もし人間が、ただ本能によって生きているだけの存在であるとしたら、いいかえれば、万事が自然法則によって決定され、何ごとも自分の自由にならず、自分の意志で選択できないとすれば、人間が生きることにはなにも意味や価値を見出せないだろう。しかし人間は、感性にしばられ本能のままに生きている存在ではなく、むしろ理性の力によって、本能や感性に抗って「ほんとうのもの」や「善いこと」、「美しいもの」といった価値を求めて生きようとする。人間が「真・善・美」という価値を目指して生きることができるのは、意志が自律した自由な存在だからだ。人間は自由であるからこそ、理性的に振る舞うことができ、理性の力によってさまざまな価値あるものに向かうことができるし、また、そうしなければならないとカントは考える。

ここで注意を要するのは、カントのいう「価値」とは、「私の行為」と道徳法則が一致することである。カントはそれを道徳法則として、つまり道徳上の義務・命令と見なしているのだ。ある行為が道徳的価値をもつとしたら、それは一切の感性や欲望にも影響されない、ただ理性にもとづく義務的な行ないでなければならない。カントは、真の道徳的な価値をもつ行為とは、あくまで個人の内面世界に関わる内的な義務や命令である、と考える。つまり「人間の尊厳」という道徳的価値は、人間に内在するのだ。

カントのいう「人間の尊厳」が、義務として要請されるのが、「他人の人格を尊重せよ」という道徳の命令だ。これは、人びとに当然の価値観のように説明され、教え込まれてきた。

汝の人格の中にも他のすべての人の人格の中にもある人間性を、汝がいつも同時に目的として用い、決して単に手段としてのみ用いない、というように行為せよ（定言命法）。（『世界の名著・カント』）

他人を単なる手段として扱うべからず、人格をもつ存在として扱え。人格をもつ存在、すなわち道徳的存在としての人間こそが尊厳をもつ、とカントはいう。

カントの人間の尊厳の概念に対しては、批判も絶えない。たとえば、法学者の長谷川晃は、権利と「個人の尊厳」との関係は必ずしもはっきりしない、むしろ「実は権利と尊厳との間にはそのような結合関係は存在しない」と批判する（『権利・価値・共同体』長谷川晃、弘文堂）。なぜ、権利と尊厳との間には結合関係はない、といえるのか。これに関して長谷川は、たとえば横柄で利己的な人間や他者依存型の人間、あるいはアルコール中毒患者などの「尊厳を認められない」タイプの人間に対しても、人権は存在するはずだから、という。

また、つぎのような批判もある。人間の尊厳があるから人権を尊重すべしという主張は、しばしば尊重されるべき人間が、それにふさわしい人格を具えていることを求めるが、そうした観点は、人間のもつ「非尊厳・或いは反尊厳の諸要素」、たとえば動物的部分や欲求などを軽視し、見過ごしている。それればかりか人間は、他の動物にはない「悪知恵」をもって「独自の悪業を重ねてきた」ではないか。人間のもつこうした「人性の暗い負の半面の自覚なしに自らの尊厳性を唱えることは、人間の思い上がった自己陶酔か、あるいは滑稽な誤想でしかない」（『法の人間学的考察』小林直樹、岩波書店）。

人間の尊厳の問題点

人間の尊厳にもとづく普遍的人権概念は、第二次大戦後、諸国家の理念かつ目標とすべき価値として定着したように見える。しかし、人権の根拠としての人間の尊厳は、深刻な問題をはらんでいる。

第一の問題は、人間の尊厳を根拠とする人権概念が普遍性を持つ、という主張に対する疑念である。そうした主張は、人権を「絶対化」して、すべての国や人びとに押しつけることにつながる。普遍的人権は絶対的なものではなく、相対的なものである、という批判である。

すでに指摘したように、人間の尊厳は元来、キリスト教の教義に由来する概念にすぎない。いわば、人間の尊厳は普遍的でも絶対的でもなく、ある宗教にもとづく「物語」の性格をもつものである。歴史的にさまざまな共同体において、それぞれの神話伝説や英雄物語が語り継がれてきた。こうした「物語」は、つまるところそれぞれの共同体内部にだけ通用する「普遍性」しかもちえない。それゆえ、人間の尊厳にもとづく人権は普遍的ではなく、特殊な価値にすぎない、とする文化相対主義による批判は尽きることがない。

実際、カトリックの教義に由来する人間の尊厳に対して、他の「物語」や異なる価値観の世界、たとえば仏教やイスラム教からの批判が絶えない。また、先に述べたピコの「人間の尊厳」に対して、憲法学者の小林直樹は、「ピコのような宗教形而上学的な論考は、今日では一神教の熱烈な信者以外には、おそらく多くの支持者は見出せないであろう」と批判する（『法の人間学的考察』岩波書店)。

第二は、権利の根拠の恣意性から生じる問題である。宮沢俊義は、実定法に左右されない人権の普遍性を絶対化するために、人間の尊厳を恣意的に持ち出した。そうすることによって、一見、強固で絶対的な権利の根拠が定まったように見える。しかし、それは錯覚である。このことによってもまた、人権の価値の相対化は避けられそうにない。権利の根拠を恣意的におくことができるならば、世界のどこにも絶対的で普遍的な人権は存在しえない。ただ、ありうるのは個別・特殊な価値の総体である。こうした主張を原理的に避けられない。このことによってもまた、人権の価値の相対化はさけられそうにない。

これに関して、ルソーのことばを想起しよう。「この権利は自然から由来するものではない。それはだから約束にもとづくものである」(『社会契約論』)。ルソーは、権利は自然、すなわち神や絶対的な価値からも、暴力からも生まれない、それは人びとの同意や合意による約束によってのみもたらされる、というのだ。

私は、こうした価値相対主義をはじめとする、人権の普遍性へのさまざまな疑義と批判に耐えうるものとして、人権概念を鍛えていかねばならないと考える。

では、それはいかにして可能か。これについての私のアイデアを、次に語ることにしよう。

第7章　自由を求める本性——『沈黙』を読む

遠藤周作を悩ませた問題

大学のゼミで学生たちと、遠藤周作の『沈黙』を読み、議論した。この作品は、江戸時代初期、キリシタン弾圧の嵐が吹き荒れる長崎に潜入したポルトガル人のカトリック司祭の、信仰と背教の間を揺れ動く姿をとおして、宗教と人間の倫理の葛藤を問うた重厚な歴史小説である。

青年時代の一時期、私は遠藤周作の作品を愛読した。自宅の本棚には、『ぐうたら人間学』をはじめとする一連の「ぐうたら」シリーズや、『狐狸庵閑話』など数々の「狐狸庵」もののほかに、『わたしが・棄てた・女』、『海と毒薬』、『深い河』などが、今も積まれてある。

遠藤周作の作品は軽妙と重厚の間を往還し、そのテーマや書きぶりは対極に分かれる。一方にはユーモアとぐうたら、人生の遊び心が語られ、他方では生真面目さと誠実さ、なによりも信仰の世界が描かれている。それらの底流にあるのは日本的価値観とカトリックの普遍性との対立、平たくいえば、日本人としての〈私〉と、キリスト教徒の〈私〉との葛藤である。それは、多神教（八百万《やおよろず》の神々）とも無宗教ともいわれる日本人の世界観、つまり日本の「特殊性」と、世界宗教たるカトリックの「普遍性」との対立でもある。これは、日本人としての、そしてまたカトリック信徒としての遠藤周作自身を、深く悩ませた問題なのである。

踏み絵を踏む意味

『沈黙』には、カトリック司祭と切支丹たちに棄教を迫る必須の手段として、「踏み絵」を踏ませる場面が描かれている。「踏み絵」に描かれたもの、それは人間の姿をした神（＝キリスト）である。カトリックの教えでは、人間は「神の似姿」として造られたがゆえに、尊厳をもつ。カトリック教義に由来する「人間の尊厳」の観念は、現代の普遍的人権概念の根幹をなしている。踏み絵と人間の尊厳との葛藤。今回、久しぶりに『沈黙』を読み返して、あらためてカトリックの普遍性と人間の尊厳のもつ意味を考えさせられた。

フランシスコ・ザビエルが日本にキリスト教をもたらしたのが一五四九年。以来、織田信長は一向宗（浄土真宗）を滅ぼすためにキリスト教を利用しようと保護し、その布教活動を許した。豊臣秀吉は一転して布教活動を禁じ、宣教師たちを国外に追放する。徳川幕府もまた、キリスト教を固く禁じた。

『沈黙』には、江戸時代初期、ローマ教会の命を受けて布教のために日本に派遣されたポルトガル人司祭たちと、切支丹たちの受難が描かれている。苦難の旅の末にたどり着いた異国の地で彼らを待ち受けていたのは、苛酷な弾圧であった。徳川幕府の徹底的なキリシタン撲滅策の下、長崎奉行はカトリック司祭に棄教・転宗を迫り、切支丹たちを次々に処刑する。

『沈黙』の物語の大筋はこうだ。

島原の乱が弾圧された後、ローマ教会に一つの知らせが届く。ポルトガルのイエズス会が日本に派遣していたクリストヴァン・フェレイラ教父が、長崎奉行の拷問に屈し、棄教を誓い転宗したという。世界の果て極東の小さな島国での出来事に、ローマ教会は驚愕する。それはたんなる一個人の挫折ではない。世界宗教としてのカトリックの信仰と思想の、屈辱的な敗北である。ローマ教会はこの不名誉を挽回すべく、あらたに司祭たちを日本に派遣し、潜伏布教を行なう計画を立てる。

フェレイラを師と仰ぐ弟子セバスチャン・ロドリゴとフランシス・ガルペら三人の司祭は、日本行きを決意する。立ち寄ったマカオで知り合ったキチジローという日本人の案内で、ロドリゴ司祭たちはようやく五島列島にたどり着き、隠れ切支丹たちに歓迎される。が、やがて長崎奉行に追われる身となり、山中の隠れ小屋に潜伏する。しかし、ロドリゴ司祭はほどなく、キチジローの密告によって長崎奉行に捕らえられる。

長崎奉行所でロドリゴは、棄教し変わり果てた姿のフェレイラ師と再会する。ロドリゴに問答を挑み詰問するのは、かつては自身も信者であった長崎奉行の井上筑後守である。フェレイラは、井上筑後守の手によって「転んだ」のである。

棄教をすすめるフェレイラと、拒絶するロドリゴ。すでに「転んで」棄教を誓った信者の百姓たちは、それでもなおロドリゴへの見せしめに、深い穴に逆さづりされる「穴吊り」の拷問を受けている。すでに「転んだ」フェレイラは、「役人はこう言った。（中略）彼等はもう幾度も転ぶと申した。だがおまえが転ばぬ限り、あの百姓たちを助けるわけにはいかぬと」。同じように、ロドリゴ自身が棄教し転宗しないかぎり、日本人切支丹たちのいのちは救われない。あくまで自分の信仰を守るか。自分が棄教することによって、イエスの教えに従い苦しむ切支丹の民を救うべきか。踏み絵を前にしたロドリゴは苦悶する。

踏み絵は今、彼の足もとにあった。小波のように木目が走っているうすよごれた灰色の木の板に粗末なメダイユ（メダル）がはめこんであった。それは細い腕をひろげ、茨の冠をかぶった基督のみにくい顔だった。黄色く混濁した眼で、司祭はこの国に来てから始めて接するあの人の顔をだまって見おろした。
「さあ」とフェレイラが言った。「勇気を出して」
主よ。長い長い間、私は数えきれぬほど、あなたの顔を考えました。（中略）あなたの祈られている顔を祈るたびに考え、あなたが祝福している顔を孤独な時思いだし、あなたが十字架を背負われた顔を捕らわれた日に甦らせ、そしてそのお顔は我が魂にふかく刻みこまれ、この世で最も美しいもの、最も高貴なものとなって私の心に生きていました。それを、今、私はこの足で踏もうとする。（中略）
「ああ」と司祭は震えた。「痛い」

「ほんの形だけのことだ。形などどうでもいいことではないか。」（中略）「形だけ踏めばよいことだ」

司祭は足をあげた。足に鈍い重い痛みを感じた。それは形だけのことではなかった。自分は今、自分の生涯の中で最も美しいと思ってきたもの、最も聖《きよ》らかと信じたもの、最も人間の理想と夢にみたされたものを踏む。この足の痛み。その時、踏むがいいと銅版のあの人は司祭にむかって言った。踏むがいい。お前の足の痛さをこの私が一番よく知っている。踏むがいい。私はお前たちに踏まれるため、この世に生れ、お前たちの痛さを分つため十字架を背負ったのだ。

カトリック教徒にとって「踏み絵」に描かれたものは、人間の姿をした神（＝キリスト）の姿である。よって「踏み絵」を踏むことは、神（＝キリスト）を否定することであり、その似姿として造られた己れ自身の存在、すなわち人間としての己れの尊厳を捨て去ることである。

自由を求める本性

先に私は、カトリック教義の根本概念としての「人間の尊厳」によって、現代の普遍的人権は根拠づけられていると述べた。また、普遍的人権の根拠としての「人間の尊厳」への批判、すなわち特殊な西洋的価値にもとづく人権概念の普遍性への疑義と「相対化」の問題、さらには神から人間の尊厳へと、人権の根拠を恣意的に取り替えたことを紹介した。こうした限界論や批判に一定の理があることを認めつつ、私は人権の普遍性を考える上で、「人間の尊厳」という考え方には大きな意義があると考える。

カトリックの教えでは、人間が尊厳をもつのは、第一に、人間が「神の似姿」として造られたからであり、第二に、「神は人間を世界の中心に置いた」からである。神の似姿として造られた人間には、神から、地上世界の支配権が委ねられる。

また、世界の中心に置かれた人間は、堕落して獣に成り下がるか、信仰によって神の存在に近づくか、いずれの道に向かうこともできる。ピコ・デッラ・ミランドラは、神に由来する人間の精神は、動物と違って、あらゆる自然的な束縛から自由であり、したがって無限の価値があると主張した（前章参照）。それゆえ、神によって自由を授かった人間は、自分の運命を自らの意志で選ばなければならない。当然、人間が向かう先は、神と共に生きる道である。

カントもまたピコと同じく、人間は動物とちがって意志の自律を持つゆえに、人間には尊厳があるとみなした。自由で自律的な存在であること、つまり意志の自律にこそ人間の尊厳はある。意志の自律とは、意志が理性の命令に従うことだ。こうした意志の自律をもつ理性的存在が、人格である。現代の普遍的人権の根拠としての人間の尊厳の概念は、「他人を単なる手段として扱うべからず、人格をもつ存在として扱え」というカントの、義務としての実践法則という考え方に端的に表現されている。つねに〈私〉が道徳的法則と一致するように行為することが、人格をもつということだ。欲望のままに生きるのではなく、理性的で道徳的な人間であってこそ、人間は尊厳をもつ、とカントはいう。しかも、意志の自律が向かう先は「最高善」という名の道徳的価値であり、それは定まった法則であり義務である、とカントはみなす。

最も問題なのは、ピコであれカントであれ、自由すなわち意志の自律がめざすのは、神の愛や最高善という超越的な価値である、という点である。

うーん、ちょっと窮屈、というか実感を持ちにくい。これは絵に描いたモチで、できそうにない。このように感じるのは、私だけではないだろう。

ヘーゲルもまた、『精神現象学』の中で、神の似姿について論じている。イエス・キリストは「実体神の形を捨て、自己意識を持つ人間の形をとってこの世にあらわれた精神である」（長谷川宏訳、作品社）。ギリシャ宗教や旧約聖書では、神は万物の創造主や世界の絶対支配者として表現されていた。いわば、神は人間を超越した存在であった。

しかし、イエスがこの世に登場した意味は、神が人びとに君臨する絶対的な超越者ではなく、「精神」をもつ存在として人間の姿をとって現われたことにある。つまり「人間の姿」をしたイエスという神は、人間を超越した絶対神ではなく、「人間とその本質を共有するもの」であり、人間とともに生きる神、人間を支える精神的な存在として現われたのだ。

「愛の宗教」としてのイエス・キリストの登場と彼の死が意味するのは、人間精神は「内面性の無限の価値」をもつということだ、とヘーゲルは考える。たとえイエスの肉体が消滅しても、その「精神」は、人びとの信仰のなかにずっと生きつづける。人間の欲望が動物のそれと違う点は、限りなく自由を求める本性をもつことにある。人間の属性、すなわち文化や宗教、人種や民族の違い、男女の性別、貧富の差などがいかに大きかろうとも、自由を求める本性という点において、万人は平等である。

『沈黙』の中の切支丹たちが、踏み絵を踏まされ酷い拷問を受けても決して手放そうとしなかったのは、限りなくイエスを信じる続ける心、いわば信仰の自由であった。身分制が支配する社会にあって、弾圧をうけながらも、自らの意志で選びとった信仰を守りとおした彼らは、互いに自由で平等な存在としてつながり合うことができたのである。

そしてつぎのことが肝要であるが、神の愛や最高善へ向かうべしと説くピコやカントと違って、ヘーゲルのいう精神の自由が向かう先は、自由という名の人間的欲望の相互承認である。人間の自由の相互承認、このことによって権利は根拠づけられる。ここに普遍的人権概念への批判を乗り越え、人権概念を根拠づける鍵がある。そのように私は考える。

このことは、あとの章（第18章）でさらに詳しく考えてみよう。

第8章　人権の誕生
ロビンソン・クルーソーの場合

自由と権利は異なる

　権利とは何か。この問いに対して、たとえば、ホッブズは「権利は、おこなったりさしひかえたりすることの自由」であるという。権利とは、「したいことができる」自由であり、「されたくないことをしない」自由でもある。「したいことやされたくないこと」とは、いいかえれば〈私〉という人間が「欲すること」である。だから権利の中身は、人間の欲望である。人間の欲望は他の動物と違って、限りなく「自由」を求める本性をもつ。

　では、自由であることと、権利を持つことは同じことなのか？　人はしばしば、自由であることと権利を有することを混同して、同一視する。しかし、よく考えてみると、もし〈私〉が誰にも邪魔されずに独りぼっちで「自由」にいるとしたら、〈私〉が他人から承認された「権利」をもっているわけでないし、普遍的な「人権」を天から与えられたことを意味するわけでもない。

　では、〈私〉の自由はいったい、どのようにして「権利」になるのか。そして、権利はいつから、どのような条件の下で「人権」になるのか。これから、そのことについて掘り下げてみよう。

ロビンソン・クルーソーの自由

権利はいったい、どこから、どのようにしてもたらされるのか。この問題を、ダニエル・デフォーの『ロビンソン・クルーソーの漂流記』を手がかりに考えてみる。この小説の主人公は、絶海の孤島で独り二十八年間を過ごした。

無人島でたった一人、自給自足で暮らす〈私〉、ロビンソン・クルーソーは、限りなく自由である。時折、吹き荒れる嵐に住みかや畑を台なしにされ、野生の獣の姿に脅えて生きた心地がしないことがあるが、こうした自然の諸力以外に、〈私〉には誰にも干渉されない自由がある。

もし、ロビンソンが遭難者として島に来たのではなく、無人島に生まれ育った人間で、独りぼっちで暮らしているとしよう。その場合でもロビンソンには、ホッブズのいうように、誰にも邪魔されずにひとり自由に生きる「権利」があるのだろうか。誰もいない世界で、いったい誰に対して「権利」を主張するのだろうか。自分の命を奪おうとする他者が誰一人いない世界で、いったい誰から自己保存の「権利」を守ろうというのだろうか。

ちょっと待った！　じゃ、天賦人権論（自然権）はどうなんだい？　福沢諭吉は「天は人の上に人を造らず人の下に人を造らずと言えり」といい、アメリカ独立宣言も「すべての人は平等に造られ、造物主によって、一定の奪いがたい天賦の権利を付与され」たと謳っているではないか。天賦人権なのだから、すべての人間は生まれながらにして天（神）によって与えられた平等の権利をもつ。権利は天（神）からの贈り物であるはずだ。天から賜った福袋には、生命と自由、所有権と幸福に生きる権利が詰められている。だったら、ロビンソンにも、生まれながらの権利があってしかるべきではないか。

一方、こんな声も聞こえてきそうである。

しかし、ロビンソンにとって権利が問題となるのは、自分の自由を脅かす「他者」が登場した後の話である。ロビンソンは、ある日偶然、敵に捕らわれ殺されかけていた一人の「蛮人」を救い出す。ロビンソンは、彼をフライデーと名付け、召使いとして一緒に暮らしはじめる。はじめのうちは、互いに内心では恐る恐る暮らしている。ロビンソンにとってフライデーは、もとはといえば人食い「蛮人」の一人。一方、フライデーは、主人ロビンソンが持つ銃が怖くて仕方がない。反抗すればズドンとやられるかもしれない。

ロビンソンはフライデーを決して殺さないと安心させ、食べ物とベッドを与える。フライデーはいのちの恩人のロビンソンに仕えることを誓う。共に暮らすうちに、互いの恐怖心はすっかり消え失せ、信頼感がそれにとってかわる。ロビンソンはフライデーをわが子のように思い、フライデーもまたロビンソンを父のように慕う。

こうして二人は、孤島での困難な暮らしを乗り切り共に生きるために、ある種の「約束」を交わす。二人は、互いのいのちの安全と自由を認め合ったのである。

権利は約束によってもたらされる

権利の由来に関してルソーは、つぎのようにいう。

権利は自然から由来するものではない。それはだから約束にもとづくものである。(『社会契約論』)。

さらに、もうひと言。

権利の平等、およびこれから生ずる正義の観念は、それぞれの人が自分のことを先にするということから、したがってまた人間の本性から出てくる。(同右)

権利は神からではなく、人間の本性からもたらされる。ルソーのいう人間の本性とは、自己愛、すなわち自己中心性のことである。自己中心性とは、いいかえれば自分自身へ配慮すること。自己中心性の根底にあるものは、「私は欲する」、つまり〈私〉の「欲望」にほかならない。

人は誰しも、自分の欲望や自由を優先したいと思う本性をもっている。そうすると必ず、他人との競争や対立が生じる。互いの欲望を譲らず、自己主張をつづければ、殺し合いに至ることもある。結局、互いに相手を殺さず、共に生きるためには、〈私〉と他人との間の「対立」を、緩和したり解消したりするしかない。つまり、互いの自由を認め合うしかない。ここから権利の観念が導き出される。人間は、互いの欲望の自由を認め、共に生きるために「約束」するのだ、ここに権利が生み出される根拠がある。

ルソーはこのように考えた。

権利とは、〈私〉と他者とが互いの欲望の自由を認め合うこと、つまり自他の欲望の自由の相互承認によって、権利はもたらされる。とはいえ、ロビンソンとフライデーの二人の関係は主人と召使い、つまり主従関係にあるのはまぎれもない事実である。だから、ロビンソンの権利は王としての権利であり、フライデーには臣民の権利が与えられた。王の権利も臣民の権利も「権利」であるが、まだ人権とはいえない。

では、権利は、いったいどのような条件の下で人権になるのだろうか。

人権は近代の産物である

権利は、〈私〉と他者との約束によって生じる。いわば、限られた当事者同士の契りにもとづくのが権利である。

一方、人権は「ただ人間であるという事実だけで、すべての人間が享受できる権利」とされる。すべての人間が平等に与えられるものが、人権である。人権は、すべての人間が互いの自由を平等に認めあうことによって生じる。人権が成立するには、なによりも社会のすべての人間が、「自由な存在」と認められなければならない。人が身分に縛られず、すべての人間の自由が認められる社会条件が準備されたのが、近代という時代である。中世が終わり、近代になってはじめて、人権が誕生するための三つの歴史的な前提条件が揃った。

その条件とは、まず第一に、ルネサンスと宗教改革。これによって、欲望を肯定された、自由で勤勉な個人が生み出された。自分の努力の結果は、自分という個人が所有できる。

第二に、哲学と自然科学の画期的な発展。カトリックの神学的な宇宙観・人間観は否定され、個人は自己決定権を持つ自由な存在と見なされるようになった。

第三に、欧米に起こった市民革命。自由な個人が、社会の政治的・経済的主人公として登場した。

歴史的に見ると、人権思想が生まれたのは十七世紀から十八世紀にかけてのヨーロッパで、この時期のホッブズやロック、ルソーやカントなどの哲学者たちが、熟考し練り上げたものが、人権概念だ。つまり、人権は天や神からの贈り物ではなく、人間の創造物なのである。ルソーは、はっきりとつぎのように述べている。権利は自然からはもたらされないし、また暴力や権力も決して権利を生み出さない。「それはだから約束にもとづくものである」。

今では、もうすっかり誰もが、自由を当然のように受けとめている。

「自由なんて、あたりまえ!」とあなたは思っている。

しかし、そのような思いは今の社会だから、そして現代だからいえることだ。近代以前の社会、神が世界の中心で、万物を創造し、太陽が地球の周りを回っていると信じられていた中世ヨーロッパ社会では、神だけが唯一自由な存在とされた。そこでは、カトリック教会と国王が社会の掟やルールを決定し、神の権威をまとったカトリック教会が普遍的な権力として、社会を一千年以上も支配した。

　だが、カトリック教会の普遍性は、封建社会内部の変化や新しい世界との接触、あるいは哲学や科学の発達による新しい多様な世界観によって、動揺し始める。アジアやアフリカとの交易によって、ヨーロッパの「外の世界」から、非キリスト教的な文化や思想が流入する。ルターとカルヴァンの宗教改革によって、腐敗したカトリック教会は根底から揺さぶられ、カトリックの権威は失墜する。十四世紀のイタリアに興ったルネサンスは、カトリックの禁欲的な思想と倫理から、個人の欲望と精神を解放した。ルネサンスの社会には、欲望を肯定し、生を自由に楽しむ個人が生まれた。

　デカルトによって創始された近代哲学と、ニュートンらが開拓した近代自然科学は、新しい世界観と人間観をもたらした。コペルニクスは地動説を唱え、それを支持して異端裁判にかけられ断罪されたガリレオ・ガリレイは、「それでも地球は回る」といった。彼らの最大の功績は、自然界に作用する法則を検証したことにある。天動説を公式見解としていたカトリック教会は、カトリックの教えと異なる新しい発見や思想を厳しく弾圧したが、それらは多くの科学者や思想家たちに受け入れられた。また、法則による自然界の支配という考え方は、中世社会にはびこっていた魔術や呪術に代わって、人びとの心をとらえ始めた。

　こうして人間は、神に縛られない自由な存在となった。科学の力によって人間は、自然や宇宙を自分の意志で利用できる、自由な存在だと感じるようになった。もはや自由は神の独占物ではなく、人間もまた自由な存在である。

デカルト以降、カントらに代表される近代哲学の中心には、自由の概念がおかれた。この意味で、近代哲学は自由の哲学である。ここではこのように指摘するだけにとどめよう。近代哲学者たちの自由の概念については、次章以降で詳しく見ることにしたい。

近代哲学と科学の発達によって、人間は生命をもつ自由な存在となり、自分の判断で世界を認識し、それに働きかけて変えていくことができる力をもつようになった。人間は「いのちある」「自由な」存在であり、自然や世界に対して能動的な存在だとする視点が成立した。これこそが、教会や王の権利よりも、個人の権利を優先的で基本的な権利とする人権思想の根拠となり、出発点となったのである。

第9章　二つの顔をもつ人権

プラトンの「洞窟の比喩」

アマルティア・センの人権論

人権を義務として受けとめるべし、と強く主張する学者のひとりに、アマルティア・センがいる。センは、インド生まれの世界的な経済学者で、一九九八年に、経済の分配や、公正と貧困、飢餓の研究などの功績によって、アジアで初めてノーベル経済学賞を受賞した。人権に関するセンの思想は、国連や人権NGOに深い影響を与えている。

アマルティア・センは、世界人権宣言を倫理的な要請ととらえて、人権を人びとに対する道徳的な義務とみなして行動せよ、と主張する。元来、権利は、互いの欲望（＝自由）を認め合うことによってもたらされる。権利の実体は、自由である。しかし、センのいうように人権を倫理的な要求とみなすと、権利の中身は自由ではなく義務となる。倫理の要求とは、つまり人権を道徳的な義務とみなせということだ。

センが「個人の権利を義務とみなすべし」という背景には、社会にはびこる人権侵害や、広がるばかりの格差や不平等という、現代世界に山積するさし迫った諸問題がある。

〈人権〉を認めることは、（中略）そうした権利の侵害を防ぐために役立ちそうな立場にいる場合、そのような行動を考慮する義務があることを認めているわけです。（セン「人権を定義づける理論」、『人間の安全保障』東郷えりか訳、集英社新書）

もし、あなたが人権侵害を防ぐために、なにがしか行動できそうな状況にいるならば、そうするように考える義務がある、このようにセンはいう。義務だから、「他者への配慮」を優先しなければならない。人権に関するアマルティア・センの思想の概要と、それへの批判については、あらためてくわしく論じる。

道徳教育としての人権教育

人権を義務とみなすこと、それはとりもなおさず困っている他者への配慮を最優先すべきという考えにほかならない。こうした主張は、決して特殊なものでも少数意見でもない。むしろ、人権を広めようと努力している人びとの多くが、当然のこととしてそのように考えている。

たとえば、人権教育をになうおおかたの教育者や研究者は、人権教育を「弱い立場の人びとの要求」を起点にして考える。ここからは当然、「弱い立場の人びとの要求を多数者が傾聴」する、という態度が求められる。

私が思うに、人権を奪われている人びとや社会的弱者たちの人権の回復が、優先されねばならないという主張は、それなりに正当であると認められつつも、多くの人びとの胸には、切実に響かないのではなかろうか。というのは、いつでも他者の人権を優先し、それを自身の道徳的行為の原理とすべしというのは、誰にでもできる相談ではないからだ。

また、道徳教育を人権教育の基本にすべし、という主張も根強い。「人権教育の基盤は、人間尊重の精神」にあり、「人間尊重の精神を養うためには、（中略）道徳教育が必要である」（尾田幸雄「道徳において人権教育をどう工夫するか」）。

尾田氏は、人間尊重の精神を養う道徳教育のあり方として、つぎの四つの観点を述べている。

第一に、自他を大切にする環境・雰囲気づくり。ここでの主眼は、「自分を真剣に見つめる心」を育てることにある。それは、「なすべきことを進んで行なうという純粋な道徳的心情を耕し培うこと」、すなわち、自己の人格の完成や自己実現であって、自分自身に対する義務である。また、他者に対しては、「その人の幸福追求（自己実現）に協力し支援することが、他の人に対する義務である」。

第二に、「他の人を優しく思いやる心」を育てること。相手に対する傲慢な振る舞い、陰口、あざけり、からかいなどはもちろん、嫉妬や報復、さげすみ、いじめ、差別などはもってのほかである。いつでも優しく親切で、感謝の心と同情心を忘れてはならない。

第三に、「美しいものや気高いものに素直に感動する心」を育てること。

第四に、「世のため人のため、公共のために進んで尽くそうとする開かれた広い心」を育てること。

これら四つの提案の底流にあるのは、人権を尊重するには、正しい人間づくりと、善い社会をめざす道徳教育が肝要だ、という発想である。

私が思うには、人権教育を進めるのに、「自分を真剣に見つめる心」を育てる、という第一の出発点はとてもいい。自分自身、すなわち自分の欲望や感じ方、思いや考えを大切にしてこそ、人権はそれぞれの〈私〉にとって「生きた思想」となり、実際に自分の生活や人生に人権思想を活かすことができると思えるからだ。

しかし、尾田氏が、自他を大切にすることを自己陶冶の義務とみなし、しかも他者への配慮の義務と同列にとらえるのは、大いに疑問を感じざるをえない。また、他者に対してつねに優しく親切で感謝せよというのは、いささか現実離れしていて、とてもできそうにない感がある。

私の考えをいうならば、尾田氏の主張は「死んだ思想」に陥っている。自分よりも他者のことを優先したり、つねに他者の声に耳を傾けよと求められたりすると、人は自分が深く考える動機や理由を見出すことができない。つまり、人権や差別の問題を、己の生活や人生につながる事柄として「生き生き」とは考えられないのである。

いったい、人権とは、センや人権の研究者たちがいうように、倫理的要求であり道徳的義務なのだろうか?

プラトンの「洞窟の比喩」

プラトンは『国家』のなかで、「教育」の本質を取りあげる。ソクラテスが弟子グラウコンとの対話で、「教育と無教育について」語りかける。これが、有名な「洞窟の比喩」である。

地下に細長い洞窟状の住まいがある。そこには、子供の時から今までずっと手足と首をしばられたまま生きている囚人たちが座っている。身動きもできず、固定された頭はただ前方を見ることができるだけで、けっして後ろを振り向くことはできない。囚人たちの視線の届く前方のかなたの壁には、さまざまな事物や生き物の姿が見える。それらは、囚人たちの遠く後ろにある火の〈光〉が映し出した「もの」の影である。〈光〉と囚人たちとの間にちょうど人形遣いの衝立《ついたて》がおかれてあって、その上からさまざまな形をした操り人形を出してみせると、それらが後ろからくる火の〈光〉に照らし出されて、前方の壁に影となって映るという次第だ。洞窟の縛られた人びとは、壁に映った事物の「影」を本当の事物と思っている。

ある日、彼らの一人が縛め《いましめ》を解かれて立ち上がり、首を回して後ろの火の〈光〉を見つめるように命令される。しかし体は思うように動かず苦痛が走り、目がくらんで〈光〉を見定めることもできない。目の痛みと全身の苦痛で、彼は慣れ親しんだ元の「影」の方に逃げようとする。そのとき、誰かが彼を地下の洞窟の住まいから無理矢理力ずくで地上へと、今度は太陽の光のもとへと引きずりだす。太陽の光のもとにやってきた囚人は、やがて時間が経つうちに太陽の光に照らし出された事物を見るようになり、最後に太陽それ自体、すなわちイデア（真実在・実相）を見ることができるようになる。こうして彼は、自分が以前、洞窟で見ていたものは「影」にすぎないと知る。
彼はもう一度、地下の洞窟に戻って「影」に捕らわれたままの仲間たちを解放しようとする。しかし、仲間の囚人たちはもうすっかり「影」の世界に満足しており、上の世界に登っていこうという誘いには乗る者はない。(『国家』藤沢令夫訳、岩波文庫)

こうして地下の囚人たちは、「見ることのできる世界」(=可視界)に留まったままでいる。視覚をとおして現われる世界は仮象にすぎず、そこで得られる情報は単なる臆見(ドクサ)の集まりであって、真の知識とはいえない。しかし、上に登って太陽の下で見る世界は、魂が「思惟によって知ることのできる世界」(=可知界)である。そこで見てとれるのは、善の実相(イデア)である。

ソクラテスは、教育の本質についてつぎのように語る。多くの人びとは、自分たちが無知な者たちの魂のなかに、知識を入れてやるといっている。これこそが、教育だという。しかし教育とはそのようなものではない。

プラトンによれば、人びとを、ものごとのほんとうの姿(真実在、イデア)に導く優れた技術をもった人が、哲学者であり、教育者でもある。教育とは、「向け変えの技術にほかならない」。

それ(教育――筆者注)は、その器官のなかに視力を外から植えつける技術ではなくて、視力ははじめからもっているけれども、ただその向きが正しくなくて、見なければならぬ方向

を見ていないから、その点を直すように工夫する技術なのだ。（同右）

「光」の中に隠されたもう一つの人権

さて、プラトンの「洞窟の比喩」を人権の現状に照らして考えてみよう。

今、教室で多くの生徒たちが椅子に座って、正面の黒板に書かれた文字を見つめている。黒板には「世界人権宣言」「普遍的人権」「人間の尊厳」などという言葉が映し出されている。生徒たちは、人権は人間の尊厳という、いわば超越的な価値にもとづく普遍的なものと信じこんでいる。

しかし生徒たちが見ているのは、じつは普遍的な人権の影なのである。それは、「ただ人間であるという事実だけで、すべての人が享受できる権利」とされている。だが、生徒たちは、普遍的人権がいったいどこから、どのようにして生まれてくるのかを知らない。ただ、建て前として、みなが平等に人権を享受していることになっていることは知っている。重要なのは、人権は人間であること自体からもたらされるものであり、ただ黙っていても与えられるということだ。そういうことになっている。

生徒たちは、人権の根拠や理由をいちいち考える煩わしさから解放されている。ただし忘れてはならないことがある。それは、自分の人権よりも、困っている他者や、人権を侵害された人びとの権利の回復が優先されることだ。つまり、「他者への配慮」は義務として優先される。そのように振る舞える人間になるために、ひたすら人権を尊重できる「善い」人になることを求められる。人権とは、なによりも義務であり道徳なのだ。

このような、実体のあいまいな「影」としての普遍的人権、すなわち「ただ人間であるという事実だけですべての人が享受できる権利」としての普遍的人権論の特徴は、「人間の尊厳」という超越的な価値に根拠をおく道徳的義務論だということだ。人権は人間の存在自体からもたらされるのだから、これは「存在的人権観」、あるいは経験に先だって人権を有するから「先験的人権観」といえる。

ところで、歴史的には、先験的な人権観とは別に、「光」のまぶしさの中に隠されたもうひとつの普遍的人権が存在している。それは、ホッブズやルソーやヘーゲルの人権思想に見られるような、人間同士の約束や合意、あるいは相互承認を根拠とする人権観である。人権は人間の存在それ自体からもたらされるのではなく、日々の経験をとおして、人間同士の関係性の中で作り出されるものだという見方である。

私は、この人権観を「基約的人権観」と名付けようと思う。「基約的人権観」の「基約」は、私の造語である。広辞苑には「【規約】関係者の間で、相談して決めた規則」とあるので、人間同士の約束や合意に基づく権利という趣旨からすれば、「規約的人権観」ということも可能である。仮に「規約的人権観」とすれば、それは「実定法にもとづく人権観」という狭義の意味になってしまい、暗黙の了解や慣習などの明文化されない約束は除外されてしまう。歴史的には権利の根拠は、むしろ明文化されない約束や同意を含んでいるので、これらの約束に「基づく」権利という意味で、「基約的人権観」とした。

しかし、戦後の長い期間、まばゆい「光」の中に潜む、人びとの約束や合意にもとづく人権は、

「特殊な権利」や「法的権利」、あるいは「変化する権利」として軽視され、普遍的人権とはみなされてこなかったし、教室でも十分に教えられることがなかった。生徒ばかりか教師ですら、「基約的人権観」の存在自体を知らされなかったし、まばゆい「光」の中に隠されて、見ることもできなかったのである。それはけっして、普遍的な人権とはみなされてこなかったのである。

高校の「倫理」の教科書には、ホッブズやロック、ルソーらの社会契約説、あるいはカントの「人間の尊厳」論、ヘーゲルの「人倫の思想」といった、人権思想を生みだした近代西欧の哲学者たちの哲学や思想が、コンパクトに紹介されている。ところが、肝心の人権思想そのものについては、ほとんどが「生まれながらの自然権」としている。すなわち、人権概念には、異なる二つの人権原理があることに気づいていないのだ。

さあ、プラトンのいうように、顔を向け変え、眼を凝らして見つめよう。そこには二つの異なる人権原理が見えるはずだ。人権原理が一つしかないというのは、幻想である。実体は二つの人権原理が存在するのだ。次にそれを見ることにしよう。

第10章　価値とルールの混同

光の人権と影の人権

プラトンが『国家』のなかの「洞窟の比喩」で論じたのは、教育の本質であった。プラトンは、教育とは外から知識を人びとの心に入れてやるものだ、という主張を批判する。そうではなく、教育とは、（人びとの視線の）向け変えの技術にほかならない。視力ははじめからもっているけれども、ただその向きが正しくなくて、見なければならぬ方向をみていないから、その点を直すように工夫する技術なのだ、という。

「洞窟の比喩」で描かれた、地下の洞窟状の住まいに閉じ込められた人びとは、一生涯、手足を縛られたままで、ただ前方の壁に映った事物の影を、事物の本当の姿だと思っている。しかしそれはしょせん影、すなわち仮の姿にすぎない。誰もが後ろの光を見る力を持っているはずなのに、ただ前の方にある事物の影ばかり見させられている。見るべき方向、つまり視線の向きが違っているのだ。だから、教育によって人びとの視線を前方から後ろに向け変えて、光を見つめさせれば、きっと事物の本当の姿が見えるに違いない。

私が思うに、プラトンの「洞窟の比喩」は、現代の人権と人びとのおかれている状況にも当てはめることができる。人びとが見ているのは、普遍的人権の影の姿である。影として映し出された普遍的人権の様相は、たったひとつ、「人間の尊厳」という価値にもとづいた絶対的な人権である。すべての人間が生まれもって身につけている、しかも誰からも奪われない権利である。

では、光の人権のなかに潜むものは何か。影の人権から光の人権の方へと、眼差しを向け変えて眼を凝らして見よう。そこに浮かび上がるのは、原理の異なる二つの普遍的人権の姿である。一つは、人間の尊厳という価値を根拠にする普遍的な人権、もうひとつは、人びとの約束や同意というルールにもとづく普遍的な人権である。私は、これを〈価値的人権原理〉と〈ルール的人権原理〉と名付けることにする。

影としての人権を支配するのは、価値的人権原理である。すべての人は生まれつき平等の人権をもつから、それを奪われ困難に陥っている人びとの人権回復が優先されるべきである。だから価値的人権原理は、困っている他者に手を差しのべよ、と人びとに要求する。価値的人権原理に依拠した人権論とは、いわば他者の救済を優先する義務的な人権論である。日々の生活で人びとは、影としての人権、すなわち価値にもとづく義務的な人権論にしばりつけられている。価値的人権原理は、つねに人間の尊厳という価値に向かうべしと人びとに要請する。そこでは、人びとはいつでも「善い人間」、「正しい人間」であることを求められる。

他方の光としての人権には、価値的人権原理にもとづく人権と、ルール的人権原理による人権とが共存している。ルール的人権原理は、人権が神や人間の尊厳といった超越的価値からもたらされるとは考えない。そうではなく、人権は人びとの合意や同意に由来すると考える。つまり、人間の外側にいかなる超越的価値も想定せず、あくまで人びとが互いの自由を認めあうことが原理になっている。いうならば、ルール的人権原理は、人びとが互いの欲望や自由を認め合う人権論である。

注意しなければならないのは、価値的人権原理とルール的人権原理とは、人権の根拠や人権の主体、あるいはそれがめざす目標において異なる原理であることだ。この点については、後に詳しく述べることにしよう。現代の普遍的人権概念は、まったく異質な二つの人権原理によって構成されている。

しかし、さしあたり光のまぶしさゆえに、多くの人びとは光の当たる人権を直視できず、したがって一つの普遍的な人権原理しか知らないでいる。人権の研究者や専門家でさえ、二つの人権原理の違いに気づかずにいる。たとえば、価値的人権原理こそが「一般的な権利」であって、ルール的人権原理は「特殊な権利」で普遍的な権利ではない、あるいは、前者は「変化しない権利」であり、後者は「変化する権利」であるといったふうである。その結果、ルール的人権原理は、普遍的人権として認められてこなかった。こうした議論の典型を、つぎのような国連の人権機関にも見出すことができる。

国連機関の誤解と混同

UNDP（国連開発計画）が発行した報告書「人権と人間開発（Human Development Report 2000）」（以下「人間開発報告2000」とする）は、人権をある種の義務とみなし、人びとに「責任ある行動」を呼びかけている。

> 世界人権宣言は、法律の如何にかかわらず個人は人間であるが故に一定の権利をもつのであり、市民としての身分や自らの国における法的現実にかかわる偶然の事実に左右されるわけではない、との見地に立って、不当な法律と慣習からの保護を求めている。人権は、個人や集団としての機関がとる行動や社会的仕組みの意図に対する、倫理的な要求である。（中略）しかしながら、法的権利は人権と混同されるべきではなく、また、法的権利だけで人権が実現できると考えるべきではない。（中略）法律的な議論においては、多くの場合、人権は、権利、権力または特権をもっている者達に利益をもたらすものとして支持されている。（傍点は筆者）

前に述べたように人権を道徳的な義務とし、倫理的な要求に応えるために、個人の権利を社会的義務の一つとして考えるべきといったのは、アマルティア・センである。実際、「人間開発報告2000」はアマルティア・センの名をあげ、その理論や主張を支持している。国連の人権機関には、まことにセンの人権思想が色濃く影響を及ぼしている。

「人間開発報告2000」は、たった一つの普遍的人権原理しか認めない。価値的人権原理に由来する人権だけが、普遍的たりうるというのだ。普遍的人権は、法や社会の現実のありように左右されない、つまり「超越的な」権利である。それゆえ、個人の「利益をもたらす」法的権利とは、厳格に区別すべきであるというのだ。

そもそも、普遍的人権と法的権利とはレベルが異なるのだ。「人間開発報告2000」は法的権利と人権とを混同すべきでないといい、その論拠に人権を論じた政治学者や哲学者として、『人間の権利』を著したトマス・ペインや、ジョン・ロック、ジャン・ジャック・ルソーの名を挙げ、つぎのように述べている。「彼らは、すべての人間は、制度上の仕組みや他者の行為を制約する社会制度の成立に先んじて、権利が与えられていると主張している」。つまり法や制度の成立以前から、人びとは天賦の権利として普遍的人権を有しているというのだ。

私の考えでは、「人間開発報告2000」は、二つの人権原理が存在することを顧慮していない。もしくは、二つの人権原理の違いがほとんど認識されていない。たしかに、トマス・ペインやジョン・ロックは自然権を主張し、価値的人権原理を主導した。だが、ルソーは違う。「権利は自然から生まれたものではない。合意に基づいて生まれたものなのだ」と、ルソーははっきりと述べている。ルソーこそは、ルール的人権原理を徹底的に追求した哲学者なのである。ルソーによれば、権利や人権の根幹にあるのは人間の本性、つまり欲望である。自己の利益の追求であれ、他者の救済であれ、それらは等しく〈私〉の人間的な欲望である。

「人間開発報告2000」は、自己の利益の追求を法的権利と決めつけて、普遍的人権の領域から追放するが、私が思うに、自己利益の実現も他者救済も、ともに普遍的な人権とみなすべきである。普遍的人権は、価値的人権原理とルール的人権原理の、二つの異なる原理から成り立っている。そのことから出発しなければならない。二つの人権原理をよく理解すること、そして両者の共通点と相違点をしっかりわきまえること、そうしてこそ、二つの原理が応用される事柄や問題領域を、適切に区別できるはずだ。

つぎに、価値的人権原理とルール的人権原理の、特徴と相違点を見てゆくことにしよう。

二つの人権原理

人権概念は、近代西欧で生み出された新しい世界観や哲学の賜《たまもの》である。デカルトにはじまり、ホッブズ、ロック、ルソー、カント、ヘーゲルら近代西欧の哲学者たちが、思索に思索を重ねて生み出したものである。彼らの人権思想を注意深くたどれば、それが価値とルールという、まったく異なる原理によって構成されていることが見えてくる。

価値的人権原理の代表はロックとカントだが、ただしロックの人権思想は価値とルールの折衷案なので、カントが名実共にチャンピオンだ。ルール的人権原理は、ホッブズを皮切りに、ルソーからヘーゲルへと受けつがれた。ルソーがルールにもとづく人権概念を考案し、ヘーゲルがこれをとことん深めた。二つの人権原理は、近現代における諸々の人権宣言や憲法などに反映されている。

まず、価値的人権原理は、何らかの絶対的な価値、すなわち神や人間の尊厳などを根拠に、人権の普遍性を説明する。「他人を道具ではなく、目的（＝人格）として扱え」というのは、カントの道徳的義務のひとつで、他人の人格をつねに尊重せよという意味だ。「自分だけではなく、他人もまた人格をもつ人間として扱え」、この考え方は、現代人権論に絶大な影響を与えている。人権は「ただ人間であるという事実だけですべての人が享受できる権利」である、という定義は、まさしく価値的人権原理によるといえる。

価値的人権原理では、人はみな等しく人間の尊厳という価値をもち、生まれながらにして人権を賦与される（生来の権利）。また、他人や国家権力でさえ、誰もかって気ままに人権を奪ってはならない（不可譲の権利）。さらに、人はみな、人格として平等である（平等の権利）。人は、いかなる共同体に属していようと、その出自や身分にかかわらず、また性の違いや思想・信条あるいは財産の多寡などによっては差別されない。現代人権論における普遍的人権概念の特徴である、「生来の権利」、「不可譲の権利」、「平等の権利」は、価値的人権原理にもとづくものである。それによって現代の普遍的人権概念は、絶対的なものと考えられている。

価値的人権原理は、他人を人格として敬い、困っている他者を手助けするのを善とみなし、義務として要請する。それは、人として当然あるべき姿である。そうすることができるように、〈私〉の人格をつねに高める努力を怠ってはならない。人は誰しも、善い人間になるように自己を鍛え、善い社会をめざして行動せねばならない。価値的人権原理は、絶対的な価値を権利の根拠にし、かつ絶対的な価値、つまり人間や社会の理想状態の実現を目標にする原理である。

これに対してルール的人権原理は、権利の根拠にいかなる超越的価値も想定しない。ルールとは、人間同士の約束、つまり自由な意志による合意のことである。人権は、人間同士の約束や同意によってもたらされる。ルールの特徴は、約束できる人ならば誰でも対等の条件と資格で参加できることだ。ルールはいったん決められたなら、守らなければならないが、後に不具合や不都合があれば、またみなで相談して、よりフェアなルールに変えることができる。ルールは絶対不変の価値ではない。

ルール的人権原理は、人として「あるべき」理想の姿から出発しない。人間の本性、つまり人間的欲望、いうならば人の「あるがまま」の姿を起点とする。人間的欲望の特徴は、自由にある。他者を傷つけない限り、誰もが自分の欲望、すなわち自己愛と自己中心性を自由に実現できる。自己愛と自己中心性をもつ人間同士が対立し、ぶつかりあう現実のなかで、権利や正義、平等といった諸観念が必要とされ生み出される。人は、つねに〈私〉の自由を求めるとともに、他者と共に生きようとするし、また他者がいなければ生きられない。いわば自他は、共同的な存在なのである。それゆえ、ルール的人権原理においては、日常生活における人間同士の関係や経験の中で、互いの自由の承認の関係をとおして〈私〉の「生」の意味をつかみとり、共生のための同意やルールを形成する。

ルール的人権原理は、このように人びとの合意や同意を権利の根拠にし、ルールによる社会秩序の形成と運営をはかる原理である。各人は自由な存在として、自分の属性の如何にかかわらず、対等な資格をもつ市民として、市民社会のルール関係に参加する。そのとき肝要なのは、市民はつねに、みなにとっての共通の利益という観点から、諸々の事柄を考え、判断し、行動できることだ。ここでの目標は、民主的なルールの下、対等な市民たちの議論や話し合いによる和解や共通了解である。

ここで、価値的人権原理とルール的人権原理の相違点について整理し、確認しておこう。

第一に、二つの権利の根拠の違いについて。価値的人権原理は、人間の外にある絶対的な価値に権利の根拠を置く。ルール的人権原理は、いっさいの超越的価値によらない。その権利は、人間同士の自由な意志にもとづく相互承認によってもたらされる。

第二に、二つの権利の主体の相違について。価値的人権原理では、すべての人が尊厳をもつ存在として、生まれながらに権利を持っている。ルール的人権原理では、その主体は一定のルール関係を結ぶことが可能な人間、すなわち、自分の主張を表明でき、話し合いに参加し、決まったことを守り実行できる人間である。そうするには、理性をもつ人間でなければならない。この理性の有無が、権利主体かどうかを決定する。

第三に、二つの権利は目標が異なる。価値的人権原理は善い人間、善い社会の「理想状態」をめざす。〈私〉が向かうのは、善という価値である。一方、ルール的人権原理の目標は、人びとの和解と共通了解である。〈私〉が志向するのは、他者とのよりよい関係である。

価値的人権原理とルール的人権原理の二つの人権原理が、現代社会が抱えるさまざまな人権に関する難問を解きほぐすのに、いかに適用可能であり、またどう役立てられるか、という観点を忘れてはならない。もし、そうでなければ、二つの人権原理にもとづく普遍的人権概念は、宝の持ち腐れになってしまう。

第11章　万人の万人に対する戦争

ホッブズの人間観

頭のない鶏

私は、大阪生まれの大阪育ちである。そこは大阪・梅田駅前にある繊維問屋の街であり、また在日朝鮮人の集住地であった。

あれは、私が小学生の頃だった。

ある日曜日の朝、人通りの少ない往来に、なにやら人だかりがする。これから鶏を絞めるのだという。怖いもの見たさに、「ぼく」もお祭り騒ぎの野次馬の一人になった。人だまりの真ん中で、近所のおっちゃんが一羽の鶏を抱えて座っている。おっちゃんは、手にした包丁を、えいっとばかり鶏の首めがけて打ち下ろす。すると、鶏の頭と胴体が首のあたりで、すぱっと一刀両断にされた。

その直後のことだ。首のない鶏は駆けだしたのだ。頭を切り落とされたまま、鶏は首からおびただしい血を吹き出しながら、あちらこちらと逃げ回り、やがてパタッと倒れて動かなくなった。

あの時のぼくは、ただただ恐ろしくて、鮮血を流しながら逃げ惑い息絶えた鶏の運命と人間の仕業の意味を考える余裕なんてなかった。

「食べる」ことの意味

あの鶏の命運と人間の仕打ちは、「生きるために殺す」という単純な営みである、と今の私は思う。私たちは皆、生きるために食べねばならない。誰もが、他のいのちを殺しながら生きている。魯迅は「四千年の食人の歴史をもつおれ。はじめはわからなかったが、いまわかった」、と『狂人日記』で書いている（『魯迅選集』第一巻、竹内好訳、岩波書店）。

幼いあの時の私はたまたま、「生きるために殺す」場に居合わせ、その現実を目撃した。「生きる」ことと「殺す」ことは、切っても切れない関係にある。しかし、日々の生活のなかでは、「殺す」ことは禁じ手とされ、死は隠蔽されているので、「生きる」とは「殺す」ことだと実感できないでいる。

実際に教育の現場で「子豚や鶏を飼って、最後にはそれを解体して食べること」を、人権学習の一環として取り入れようという試みがある。「動物を殺して食べることを通じて、逆に、人間は動物の恩恵にあずかって、生かされていることに気づかせる」のが目的である（玉井康之「人権教育をどう充実するか――生命を尊重し、自他を大切にする教育の推進」）。

今から約三十年前に、小学校の教員の鳥山敏子さんは、教室にブタ一頭をつれてきて、子供たちと彼らのお母さんや兄弟、姉妹たちと一緒に、ソーセージやハム、ベーコンづくりをした。その授業で学んだことは、「今、生きているということ」、「生きるということ」、「食べるということ」、「人間ということ」だったという（『ブタまるごと一頭食べる』鳥山敏子、フレーベル館）。

ヘーゲルは、食べるとは、相手の存在を無とすることだという。食という欲望の働きについてのヘーゲルの考えは、まことに興味深い。ヘーゲルの独創はこうだ。他の動物とちがって、人間は自我（＝自己意識）をもつ存在である。自己意識は欲望という形をとる。欲望としての自己意識をもつ人間にとって、むきだしの欲望の対象となるのは生命あるものなのだ。

> 自己意識は、自立した生命としてあらわれる他の存在をなきものとすることによって、はじめて自分の存在を確信する。それが「欲望」の働きである。（『精神現象学』長谷川宏訳、作品社、傍点は筆者）

体内でエネルギーを作ることのできる植物とちがって、動物は生きるためには、外からエネルギーを補充しなければならない。動物は、自由に動き回って「他の存在をなきものとすることによって」生きつづける。動物は生きるために殺すのである。弱肉強食が自然界の掟である。

人間もまた、生きるために他のいのちある存在をなきものにする。人間によってなきものにされる相手が動物ならば、動物の恩恵にあずかって、生かされているということはできよう。が、しかし、人間同士ならばどうだろう。どんな人間も、〈私〉が生きるために他者を殺して当然だとか、ましてやそれが恩恵だとは思わない。それはしかし、平和な社会や、仲間内での話にすぎない。戦場では、兵士は敵を殺さねばならない。人間の歴史は、仲間を守るために、部族や民族や国家といった他の集団の人間を、殺し続けてきた軌跡である。

では、いかにして人は人を殺さず、平和を実現できるのか。この問いに真正面から取り組んだ哲学者が、ホッブズである。

戦争と革命の時代

ホッブズ（一五八八～一六七九）が生きたのは、戦争、革命、内乱の時代であった。彼は、エリザベスI世が治めるイングランドと、当時世界最強の大スペイン王国との戦争の真っ最中、一五八八年に産声を上げた。その年に、スペインは百三十隻からなる無敵艦隊アマルダで、イングランドを攻めた。ホッブズの母親は、スペインの無敵艦隊が襲来するうわさに恐れおののき、産気づいて彼を早産した。ホッブズが自伝に、「私は恐怖との双子である」と述べているのは、このあたりの事情のことだ。

ホッブズは宗教戦争という、三十年間も全ヨーロッパを席巻し、破壊と殺戮をくりかえした恐怖の時代を生き抜いた哲学者だ。ドイツに端を発した宗教戦争は、ヨーロッパ諸侯がカトリック派とプロテスタント派に分かれて、三十年にわたって戦火を交えた。当時、千五百万人いたドイツの人口は、戦争終結後には七百万人に減ったといわれる。

さて、ホッブズは、いのち、すなわち自己保存を人権原理の中心にすえて、国家や社会の仕組みを構想した。だからといって勘違いしてはならない。ホッブズは、人のいのちは大切だとか、お互いに仲良くすべきだ、なんていわない。むしろ、人間は放っておいたら殺し合うという。ホッブズはこれを、「万人の万人による戦争状態」と呼ぶ。

主著『リヴァイアサン』は、人間の考察から始まるが、そこで描かれた人間は冷徹である。人間は皆、似かよった情念をもち、能力も平等だから、同じような欲望を実現したいという希望が、平等に生じる。つまり、誰にでも欲望を達成する可能性は等しくあると感じられる。だから人間は、自己の欲望の追求をあきらめない。もし二人の者が同時に、ひとつしかない物を欲しがったら、彼らは敵になり、たがいに相手を亡ぼすか、屈服させようとする。

彼は、「人間が社会的結合に適するように生まれついた動物」だというギリシャ以来の考えは、「偽であって、人間の本性についてのあまりにも軽率な考察に由来する誤謬である」という。ホッブズによれば「あらゆる社会は、（中略）自愛によって結びつけられて成立しているのであって、仲間への愛ではない」（『ホッブズ 市民論』本田裕志訳、京都大学学術出版会）。

人間の目的は、自愛すなわち自己保存と快楽の追求にあるのだから、人は、自己の生命を守り維持するためには、何をしてもいい。それゆえ共通の権力がない時代、したがって法も正義も存在しない自然状態では、人は生きるために殺し合い続けるだろう。「各人がその好むところを行なう権利を保有しているかぎり、万人は戦争状態にある」。しかし、人びとは、生き延びるためには殺し合いをやめなければならない。

生き延びるための原理

ホッブズが格闘したのは、いかにして平和を実現し維持するかという、生きるための最も基本となる課題である。そのための原理は、ひとつしかない。人びとが互いに争うのをやめ、強力で絶対的な主権者を創りだすことだ。

ホッブズの主著『リヴァイアサン』は、こうしたアイデアに貫かれた著作だ。リヴァイアサンは、旧約聖書の「ヨブ記」にあらわれた海獣で、絶対的な力をもつ恐ろしい存在である。『リヴァイアサン』の挿絵に描かれた人面の海獣の姿をよく見ると、王冠をかぶった海獣の鱗の一枚一枚が、人間なのである。つまり、リヴァイアサン（主権者）は、人間たちによって造られているのだ。

ホッブズは、平和を実現し、かつ平和を維持するためには、最高で最強の権力、すなわち絶対的な権力をつくるしかないと考える。そのためには、みなが自然法に従い行動せねばならない。自然法は、第一に、望みあるかぎり平和をかちとるために努力せよ、「平和を求め、それに従え」という。第二に、平和のために自然権（この場合は相手を殺す権利）を放棄せよ、と求める。各人は自己の自然権を放棄し、相互の契約によって公共的な権力を創り出すのだ。各人のもつあらゆる力と強さを譲り渡され、すべての人の意志が一つの意志に結集したものが、公権力である。これをホッブズは、コモン・ウェルス（主権者権力）と呼ぶ。以上が「社会契約」の筋道である。

ここで注意しなければならないのは、ホッブズが求めたのは「主権の絶対性」であって、「絶対主義」ではないことだ。絶対主義は、ひとりの王から、次のひとりの王への権力の世襲が行なわれる。つまり専制である。それは、人びとの同意を前提にしない。だが、ホッブズの考える主権の絶対性は、各人が自らの自然権の放棄に同意し、一つの意志に結合することによってもたらされる。言いかえると、主権者権力（コモン・ウェルス）とは、万人の力の合成による絶対的なパワーをもつ「共通の権力」である。

教会や王が、神の名を借りて社会の絶対的な支配者となり、かって気ままに権力を行使していた時代に、ホッブズは神に頼らず、人びとの約束にもとづく絶対的な主権者を構想した。専制者が社会のルールを決めていた時代に、ひとりひとりの人間が社会のルールを決めることができると主張するのは、画期的な転換である。それは近代社会の夜明けである。

第12章　身体とこころは誰のものか　ロックの人権思想

女の館でホームステイ

イギリスで暮らした時の話だ。四十歳半ばを過ぎてから、私は単身イギリスに留学した。私が学んだのはエセックス大学大学院、そこはロンドンから列車で北東に一時間、古都コルチェスターの郊外にある大学だ。一年半の異国暮らしで私は、学生寮、大学が所有する民家、そしてイギリス人家庭でのホームステイと、三度住まいを変えた。

夏のある日、私は大学でもらったホームステイ先の紹介状を手にして、市内の家庭を訪ねた。家の主の名はクレアー。私と同い年のイギリス人女性である（当時、私は四十六歳。二十年間にわたる人権NGOの専従スタッフの仕事にピリオドを打ち、大学院に進学していた）。私は彼女に、自分は大阪生まれの在日コリアン二世で、家族を東京に残してきた、大学院では哲学や政治学を学んでいる、などの身の上話をした。彼女は、高校で英語を教えている、離婚して今は高校生の次女ジェスと親友のクラウディア、大学院生のフラックスの四人暮らし、それに年老いた雌猫のマツと雌犬のマフィンも家族だという。つまりいうならば、そこは「女の館」だった。彼女の話を聞いているうちに、男の私はすっかり、ホームステイを断られるものと観念した。だが意外にも、彼女は、「いつ引っ越して来ますか」という。

引っ越し当日、荷物をほどいてしばらくした後、私はクレアーに呼ばれ、リビングとキッチン、シャワールームに案内された。彼女は、私の場所を一つひとつ説明する。食器戸棚には私専用のスペースが空けてあり、冷蔵庫のなかの一段が私の食料置き場になっていた。「私たちは二階のバスを使うけど、あなたは一階のシャワーよ。キム、シャワーを使ったら必ず電気を消すのを忘れないでね」。ざっくばらんだが、決まり事さえ守れば後は干渉しない、という感じだった。

同じひとつ屋根の下で暮らすといっても他人同士だから、「私の物」と「あなたの物」をはっきり区別したうえで、きちんとルールを決めてやっていこう。約束を違えたり困ったりしたときには、話し合って調整すればいい。交わした約束（ルール）を守って生活しているかぎり、詮索したり、必要以上に相手を気遣ったりもしない。互いのプライバシーと権利を尊重しながら、問題が生じたときは相談して解決しようという姿勢だ。おかげで、私は気楽にホームステイ生活をおくることができた。

イギリス人の家は城である（'An Englishman's house is his castle.'）という諺がある。イギリス人にとって、家は家族を守る安息所であるが、家族といえども他者だから、互いのプライバシーを尊重しなければならない。プライバシーとは、他人に干渉や詮索されたくない〈私〉だけの自由の領域のことだ。他者を理解し愛するためには、互いのプライバシーを認めて、人と人との適切な距離を保たねばならない。

自由な現代に生きる私たちは、〈私〉と他者との距離が、いつも気がかりである。カントは、神ではなく理性の声、つまり自分自身の内なる声に従えといった。近代社会は各人に自由に生きることを命ずる。自分の人生を自分で決めることのできる自由な人と人とが、プライバシーを大切にし、互いの距離を保って関係する社会が、近代社会にほかならない。〈私〉が自由でありながら、かつ、他者の自由も尊重して生きるためには、プライバシーの尊重、つまり他者との適切な距離感が必要不可欠である。

漱石の発見

個人のプライバシーと権利の尊重という観念、それはひと言でいうと、個人主義の精神である。夏目漱石は「私の個人主義」で語っている。個人主義とは、「他の存在を尊敬すると同時に自分の存在を尊敬する」ことだ。漱石の言葉は、孤独なロンドン留学生活時代を耐えて得た価値ある洞察である。

英文学研究の命を受けて単身ロンドンに留学した夏目漱石は、英国気質を「個人主義」と公言して憚《はばか》らない。生きるとは何か、何のために生きるのか、文学とはどんなものであるか。霧の街ロンドンで、「嚢《ふくろ》の中に詰められ」たような孤独な生活を送りながら、漱石は悩み苦しんだ。この嚢を突き破る錐《きり》は、ロンドン中探し歩いても見つかりそうもない。とにかく「その〈文学の――筆者注〉概念を根本的に自力で作り上げるより外に、私を救う道はないのだと悟った」。そうして漱石がたどり着いたのが、「自己本位」の四文字である。

> 私はこの自己本位という言葉を自分の手に握ってから大変強くなりました。（中略）私は多年の間懊悩《おうのう》した結果漸《ようや》く自分の鶴嘴《つるはし》をがちりと鉱脈に掘り当てたような気がしたのです。
> （「私の個人主義」、『漱石文明論集』岩波文庫、傍点は筆者）。

「鶴嘴をがちりと鉱脈に掘り当てた」という感触、それは進むべき道を探しあぐねて懊悩する漱石が、苦悶の末にやっと出会えたひとつの確信である。自己本位、つまり自分から出発すること。それはデカルトのコギト、すなわち〈私〉を基にして判断することであり、自発性から出発して世界に向かうことである。それはまた、ルソーのいう「自分のことを先にするということ」であり、自己中心性から出発して人間や社会を考察することである。

その後の漱石は、「自己本位を立証するために、科学的な研究やら哲学的な思索に耽りだした」。そして深慮の結果たどり着いたのが、「私の個人主義」である。端的にいうと、個人主義とは、自分を敬うように他人をも尊敬することである。

漱石によれば、個人主義は三カ条に帰着するという。第一に、自分の個性の発展のためには、同時に他人の個性を尊重せねばならない（個性の尊重）、第二に、自己の権力を行使するならば、義務の観念を自覚せねばならない（権利と義務の自覚）、第三に、自己の金力の誇示は、責任がともなう（責任の観念）。

漱石は、個性と自分の権力、そして金力を自由に楽しむためには人格の支配が必要だという。もし人格のないものが、むやみに個性を発揮しようとすると他人を妨害し、権力を用いようとすると濫用に流れ、金力を使おうとすれば社会の腐敗をもたらす、という。個性の尊重と、権利と義務、そして責任の自覚。そのなかで漱石が最も重視するのが、義務とむすびついた自由の観念である。「要するに義務心を持っていない自由は本当の自由ではない」、そこに漱石は、英国気質を見出した。

個人の権利・自由と、市民的義務とが結びついた社会、そうした市民社会を構想した英国の哲学者が、ジョン・ロックである。ロックは神から与えられた「絶対的な私」という観念を核に、市民社会を思い描いた。

ロックの所有権論

ジョン・ロック（一六三二―一七〇四）は、近代市民社会の原理を創り出した哲学者のひとりである。その人権論と社会観は「絶対的な私」を核に構想されている。個人は二つの意味で絶対的である。まず、個人は神から授かった絶対的な所有権をもつ。つぎに、個人は絶対的な信仰の自由をもっている。個人の所有権と信仰の自由は、絶対的でいかなる他者からも侵されないものである。

ロックは、『統治二論』において個人の所有権論と近代政治原理をうちたてた。今ではすっかり当然のようにみなされている個人の所有権を、最初に原理的に基礎づけたのは、ロックである。

また、現代社会の諸々の政治原理、たとえば議会制民主主義や権力の分立、あるいは人民の抵抗権などは、ロックの政治哲学に負うところが大きい。とりわけロックの人権思想は、後の欧米の市民革命に大きな影響を与え、アメリカ独立宣言として結実した。現代の各国の憲法の人権条項もそうである。ロックの人権思想・政治哲学抜きには、現代の人権論や市民社会は語れない。

さらにもう一点。十七世紀のイングランドの深刻な宗教対立を緩和するために、ロックは『寛容論』を著し、宗教的少数者に対する寛容を説いた。信仰の自由を説くロックの『寛容論』は、現代の思想・表現の自由、あるいは政教分離の原則として実を結び、各国の憲法などにとり入れられている。

ロックもまたホッブズと同じく、戦争と革命と内乱の時代に生きた。喘息持ちで弱々しい病身だったが、後に医者となって活躍する。やがて反国王派のシャフツベリと知り合い、彼の主治医となり、また議会派のブレーンとなって、共に反国王闘争の先頭に立った。その政治的信条と立場ゆえに命を狙われることになり、一時オランダに亡命を余儀なくされた。その闘いの最中に書かれたのが、『統治二論』である。そこでロックは、「身体の所有」を原理的な根拠として、個人の所有権をつぎのように説明する。

神は万物を造り出し、世界を共有物として人間に与え、と同時に生きるために世界を最大に便利に利用できるように「理性」も与えた。自然の物はすべて共有物として人類に属する。だがしかし、ただ一つだけまちがいなく〈私〉自身のものといえるものがある。それは、〈私〉の身体である。「すべての人間は、自分自身の身体に対する所有権をもっている」。だから、〈私〉の身体の労働とその手の働きは、まさしく〈私〉固有のものである。したがって、〈私〉が自然から何かを取り出そうとする場合、〈私〉はそれに働きかける、つまり〈私〉の労働を注入しようとする。自然の万物に〈私〉の労働をつけ加えた結果は、〈私〉の所有物となる。このようにして、神様から授かった共有物は、めでたく〈私〉のものとなる。これを労働価値説という（労働混合説とか労働注入説ともよばれている）。こうして個人の所有権は、自分の労働にもとづく「排他的」で（他人からの承認を必要としないから）、しかもいかなる他者（国家でさえ）も奪うことのできない、「絶対的」な権利となる。

注意しなければならないのは、「絶対的な所有権」と「絶対的な内心の自由」をもつ個人は、もうひとつ、市民としての顔をもつことだ。市民社会では、すべての人は市民としての義務を負う。市民の義務とは、市民社会の諸々の公共的なもの、すなわち、公共の福祉の担い手として自覚し行動することである。ロンドン時代の漱石が見た「義務の観念を離れない程度に自由を愛している」人間とは、そういう市民のことであった。個人主義は、市民としての自覚がともなう。私には、そのように思えるのだ。

第13章 自分自身の主人になる

ルソーのアイデア

二人の息子とのジュネーブへの旅

今春、私の二人の息子は巣立つ。長男は地元東京の私立大学病院の勤務医、次男は故郷の大阪にある大手の私塾の講師として生活してゆくことになる。これから彼ら二人は、両親のもとを離れ、独立して生計を立てる、「自由」な身となる。いわば、自分自身の主人となるのだ。そして私はといえば、父親としての義務から解放され、晴れて「自由」の身になる。

十数年前、私が単身、イギリス・コルチェスターにあるエセックス大学院に留学していたとき、妻から国際電話がかかってきた。電話口の向こうから、中学生という多感な時期を迎えた息子たちの世話に、ほとほと手を焼いている様子が伝わってきた。申し訳なく思った。大学在学中から社会運動にのめり込んだ私には、彼女と一緒になっても、家族を養えるだけの蓄えも収入もなかった。結局、長い期間、家計を支え、息子たちの面倒を見たのは、歯科医で稼ぎ手の妻である。彼女のおかげで、私は自由にやりたいことをしてきた。留学の際、息子たちの世話を、なかば彼女に押しつけた格好になった。

イギリス留学中、中学生になった二人の息子たちが夏休みを利用して、東京からイギリスまで遊びにきたことがある。一人寂しく異国暮らしをしていた私への、妻の配慮だったのだろう。大学院の寮に住む他の外国人留学生たちはみな、こぞってヨーロッパの各地へと旅行に出かけてしまって、誰もいない。私たち親子も、スイスへ旅行に出かけることにした。ジュネーブに到着して、レマン湖畔のユースホステルに投宿した。ジュネーブといえば、ルソーに縁の深い街である。ルソーは、生地ジュネーブをこよなく愛し、その市民もまた、ルソーを誇りに思い敬愛しているようだ。旧市街にはルソーの生家が残され、ジュネーブ中央駅（コルナバン駅）に通じるルソー通りがあるかと思えば、社会契約通りという通りもある。

私たち親子が訪れたのは、ルソーの業績を讃えてレマン湖の西端に造られた、小さなルソー島である。書物を片手に瞑想に耽るルソーの銅像の前で無邪気に遊ぶ二人の息子たちを見て、私はルソーを思い、彼の数々の言葉を噛みしめた。

ルソーは、父親には子供たちを世話する義務があるという。とはいえ、それは他者から押しつけられたものではなく、自分自身に対する義務である。「人間よ、人間的でありなさい。それがあなたたちの第一の義務なのだ。（中略）すべてのものに対して、人間としての愛をもちなさい。あなたたちにとって、人間愛以外のどんな知恵があるというのか。子供を愛しなさい」（『エミール』戸部松実訳、中公バックス）。子は生きていくために親を必要とする。親子の自然の結びつきは、動物も人間も変わらない。とはいえ、厳しい掟が支配する自然に生きる動物たちは、生まれて一刻も早く独り立ちしなければ生きていけない。たとえばキリンの子供は、半時間もすれば立ち上がって母親の後を追う。それができないと、死が待ち受けている。しかし、人間の子供はそうはいかない。産声を上げてから成人するまで、人間は、長い年月をかけて親に保護・養育され、だんだんと大人になっていく。

保護や養育の必要がなくなると、親子の自然の結びつきは解けて、それぞれは自立する。その後も家族の関係が続くとすれば、それは自然ではなく、両者の意志にもとづくものだ。だからルソーは、家族そのものも、合意のもとでしか維持されないと考える。

苦境の中で

父も子もともに平等で自由に生まれたのであるが、父親は子供たちを愛するがゆえに、彼らの世話をするのだ。父の、子にたいする世話は、愛にもとづく見返りを求めない営み、言いかえれば片務的な義務である。父の義務は、子供たちが独立するまでの期間だけのことで、それは子への愛によって支えられるものだ、とルソーはいう（しかしルソー自身は、五人の子供をつぎつぎに養育院に預けて、父親業を放棄した）。

とはいえ、正直にいうと、育ち盛りの二人の息子の姿を見て、私は将来に対する一抹の不安に駆られていた。この後日本に戻って、いったいどのようにして息子たちの面倒を見たものだろうか。無事に学位を取得できるだろうか。はたして職にありつけるだろうか。子供たちを養えるだけの収入を確保できるだろうか……。

案ずるより、産むが易い。

さいわい、その後、私はなんとか博士課程を修了して学位を取得し、ある私立大学の嘱託職員に採用された。だが、長年の自由気ままな暮らしにすっかり染まった私の心身は、朝夕のタイムレコーダーに縛られたサラリーマン生活に、なかなか馴染むことができなかった。何をするにも稟議決済が必要で、そのつど手続きのための書類作りに追われては小さなミスをくり返し、失敗しては叱られた。私はすっかり疲れ果て、とうとう不登校ならぬ出勤拒否のような状態に陥ってしまった。自宅を出て最寄りの駅に着くと、時折、体のあちこちが痛みだして悲鳴をあげるのである。

私が浅田次郎の小説に出会ったのは、そんな時である。浅田次郎のいくつかの作品には、家族のために命をかけて無償の愛を貫こうとする父親像が描かれている。たとえば、『壬生義士伝』、これは壬生《みぶ》浪と称された新撰組の一員、吉村貫一郎の壮絶な物語である。貫一郎は南部藩を脱藩し、はるばる京都の地にやってきて新撰組の門をたたいた。郷里に残した愛する妻子のために、もらった給金はもちろんのこと、爪に火をともすようにせっせと金を貯め込んでは、家族の元へ仕送りを続けた。隊員たちから守銭奴と罵《ののし》られ蔑《さげす》まれても、こう叫んだ。「武士のつとめとは民草の暮らしを安んずることなのす。まずもって養うべき民草とは、おのれの妻と子だと思うのす」。

私は、最愛の家族のために命をかけて無償の愛を貫こうとする主人公の必死の姿に、いたく感動し、共感し、勇気づけられ、そして慰められた。

忘れもしないのは、私が苦境のなかで悩み苦しんでいるとき、長年いっしょに勉強を続けていた哲学研究会の仲間や友人たちが、励ましてくれたことだ（とくに大阪の高校の国語教師のIさん。あなたの無償の友情を、私は心骨に刻して忘れません）。

ルソーの言葉、浅田文学の主人公の奮闘する姿、仲間や友人たちのエールに励まされ支えられて、私は愛する息子たちのために何とか歯を食いしばって、仕事をやり続けることができた。その後、私は嘱託職員を辞し、今の大学の専任教員に採用された。私は、今やっと親としての義務から放たれ、自由の身になった。そのように心から思う。

では、父親の義務から解き放たれた私は、いったいつぎに、どのような義務に立ち向かわねばならないのだろうか。

自由とは、自分自身の主人となることである

ルソーほど、自由を愛し、自由な生き方をした哲学者はいるまい。ホッブズは、自由とは誰からも邪魔されずに生きることとみなし、ロックは絶対的な内心の自由を説いた。ルソーの考える自由とは、自分自身の主人となることである。ほんとうに自由な人間は、自分のできることしか望まず、自分の好きなことを行なうものだ。自分に関わる一切の事柄を、自分で判断し行為できる人間こそが、真の自由人であり、自分自身の主人となるのだ。

ルソーが生きた時代のフランスでは、たかだか人口の二パーセントにすぎない聖職者と貴族が、圧倒的大多数の農奴や労働者たちを支配し、自由と、そしてさまざまな特権をほしいままにしていた。大多数の人びとは、自分自身の主人どころか、不自由な奴隷的生活を強いられていた。

人は自由なものとして生まれたのに、いたるところで鎖につながれている。自分が他人の主人であると思い込んでいる人も、実はその人々よりもさらに奴隷なのである。(『社会契約論／ジュネーヴ草稿』中山元訳、光文社古典新訳文庫)

不自由な奴隷の犠牲のうえに、主人は自由を謳歌する。が、しかし、奴隷の存在なくして一日たりとも生きてゆくことができない主人は、けっして自由とはいえない。主人の自由な生活は、奴隷に依存しているからだ。では、奴隷の方はどうか。自由を奪われ奴隷の身にあった者が解放されて主人となると、今度は他人の自由を踏みにじって奴隷にする。逆に、かつて奴隷の主人として君臨した者が、落ちぶれて主人に仕える身になると、奴隷としてへつらう。これでは、主人と奴隷の立場が入れ替わっただけにすぎない。

では、互いに自由を害さず、また自分への配慮の義務を怠ることなしに、いかにしてすべての人びとが自由を確保できるだろうか。「各人が、すべての人々と結びつきながら、しかも自分自身にしか服従せず、以前と同じように自由であること」。この難問と格闘したルソーが出した答えは、「社会契約」である。社会の成員一人ひとりがいったん、自分のもつ生まれながらの自由と権利を、すべて「共同体の全体」に譲渡したうえで、また再び、今度は一人ひとりに市民的な自由と権利が戻ってくるというアイデアだ。

社会秩序とは神聖なる権利であり、これが他のすべての権利の土台となるのである。しかしこの権利は自然から生まれたものではない。合意によって生まれたものなのだ。（同右）

こうして互いの約束によって、市民としての自由が実現される。しかし、忘れてはならない。市民は、「自由であるべく強制される」のだ。では、〈私〉に強いられる市民としての自由とは、なにを意味するのであろうか。

第14章　市民の自由とは何か

ルソーの「社会契約論」

「三千円ほど足らんな」

私の浪人生時代の話である。私は家業のお好み焼き屋を手伝っていた。店は、大阪・梅田駅前の商店街の真ん中にあり、けっこう繁盛していた。私の仕事はもっぱら、近くの麻雀荘への出前持ちだ。くだんの麻雀荘は、夕刻、勤め帰りのサラリーマンたちで賑わう。そのとき、「腹が減っては戦ができぬ」。雀荘から注文が来ると、焼きそばやお好み焼きをさっと焼き上げて、すきっ腹のサラリーマンたちの待つ雀荘にせっせと運ぶ。いとも簡単な仕事だ。単純労働で、しかも家族経営だから、毎月もらえるのはほんの少しの手間賃。その頃の私は食欲旺盛で、本も乱読していた。毎日のように近所の古書店を覗いては、これと思う文学作品を漁った。だから、手にしたわずかの給金は、しばらくすると飲食代と本代、そして遊びに消えてしまう。

正直に白状する。私は家人の目を盗んでは、何度か店の小銭入れから幾ばくかの金銭を、こっそり無断で拝借したことがある。ある月の末日、家族たちの居並ぶ前で金庫番の三男の兄が、算《そろ》盤《ばん》が合わないといいだした。「三千円ほど足らんな」とつぶやく兄の声をよそに、家族の誰も詮索しようとはしなかった。私の悪さは、大目に見られたのである。しかし、これが世間だったらこうはいくまい。他人の金銭を無断で持ち出すのは、窃盗という立派な犯罪である。

法は家庭に入らず

ローマ法以来、「法は家庭に入らず」という法諺《ほうげん》（法律の格言）がある。ローマ人の理想は、「夫と妻は、生存中には何ら別々に分離された財産を有しない」ことだ。だが、現実は、絶大な権力をもつ家長が家族内の事柄を決定し、家の中の財産配分も決めていた。今ではもう、昔ながらの家父長制なんて時代遅れで、近代国家では、ほとんど廃れてしまった。だから財産は、大体が家族の共有財産とみなされ、家庭内の無断拝借は盗みにはあたらず、せいぜい家族による説教ですまされる（現に刑法二四四条〈親族間の犯罪に関する特例〉は、親族の間での窃盗罪の刑を免除すると定めている）。

そもそも家庭は、父母の子供たちへの愛と義務によって成り立つ共同体である。両親はせっせと子供たちに無償の愛を注ぎ、子は親の庇護のもとで成長する。親子間の無償の愛と義務にもとづく共同体には、見知らぬ他人同士の利己欲がぶつかり合う、いわば互いの人間不信のうえに成立する市民社会の「法」のつけいる隙がない。

市民社会の法に関して法学者の長尾龍一は、「法は不信の哲学に立っている」という（『法学ことはじめ　新版』慈学社叢書）。市民社会の法は、人間の利己主義を悪とみなさず、当然の営為として、むしろ各人の利己欲が共存するルールをつくろうとする。つまり法とは、利己心が共存できる秩序にほかならない。よって、他人の利己心を不当に侵害しない限り、己れの利己心は許容される。

このように、愛の共同体である家族の法と、互いに不信の人間同士が織りなす市民社会の法とは、別ものなのだ。

市民社会のモデルとしての家族

しかしルソーは、奇妙にも「家族はいわば、政治社会の最初のモデルである」という。家族と社会（国家）の違いについて、ルソーはこう述べている。

家族というものはいわば、政治社会の最初のモデルである。支配者は父の似像であり、人民は子供の似像である。……ただし家族と国家には唯一の違いがある。家族においては父親は子供たちにたいする愛情から、子供たちの世話をする。ところが国家においては支配者は人民を愛することはない。ただ命令する快楽から人民を支配するにすぎない。（『社会契約論／ジュネーヴ草稿』）

父親の子への世話は無償の愛によるが、支配者の統治は、人民に対する支配欲を満たすためのものである。うーむ、「無償の愛」と「支配するよろこび」か。ずいぶんと隔たりがあると思いませんか。しかも、家族の原理と社会の原理は、根本的に違う面がある。愛する家族のためならば、何でもいとわずにできると確信している〈私〉は、一歩家の外に出ると、他人を見たらどろぼうと思え、と我が身を守る。家族と市民社会とは、いわば水と油だ。それなのに、ルソーの最初のひらめきは、家族を「政治社会の最初のモデル」として、市民社会を構想しようとした。そのルソーの直観は、つぎの二つを柱にしている。

第一に、人々が、自然状態において有していた自己愛と憐れみの情を取り戻すことだ。第二に、人々が市民としての自由を獲得し、市民的な義務を自覚することである。父として家族に対して無償の愛を捧げる〈私〉は、社会においては市民という名の主人となる。誰もが自由になるような社会は、専制でも独裁国家でもなく、市民として自由を獲得する社会だ。それは、後で述べるように、社会契約によって可能になる（ルソーは、自分自身の主人になることを「自由」と呼ぶ）。

自己愛と憐れみの情

まず、自己愛と憐れみの情を取り戻すとはどういうことか。ルソーの考えを聞こう。共通の権力のない、したがって法や制度のない「自然状態」の人間が、「自己保存の感情（自己愛）」と「憐れみの情」のまま生きるように、家族もまた自然人と同じく無償の愛を生きる。「人間の最初の感情は自己生存の感情であり、最初の配慮は自己保存の配慮である」（「人間不平等起源論」原好男訳、白水社）。

巷では自己愛なんていうと、やれ自己中だの利己主義だのとうるさいが、それはとんでもない見当違いである。自己愛と利己愛とは、月とスッポン。ルソーも、これらを混同するなと釘を刺している。ルソーによれば、自然状態で生きる人間は、自己愛のまま平和に暮らしている。自己愛、つまり自己生存の感情は「自然の感情」で、もし目の前で苦しむ同胞がいたら、彼に同情し、共に苦痛を感じて手を差しのべようとするような、生得の感情である。ルソーはこれを、「憐れみの情」という。

だが、利己愛は、「人為的で、社会のなかで生まれ」、自分だけを重んじる感情である。自分さえよければいいのが利己愛であるのに対し、自己を大切に思うことから他者への憐れみの情や人類愛へと広がり進むのが、自己愛である。

しかし、自然状態から社会状態に移行するときに、様相は一変する。人びとに虚栄心と利己心が芽生え、利己愛にとらわれた人びとは所有欲に駆られる。対立や闘争は避けようもない。やがて、自由で平和な自然状態が存続できなくなるほどに障害が大きくなったとき、人類は生存の仕方を変えなければならなくなる。それが自由と権利に基づく社会の創出である。

市民になる自由、市民としての自由

自由と権利に基づく社会を導くために求められるのは、貧富の格差が生じ、悪徳が横行する現実社会のなかで、各人の利己心をみとめ和らげながら、自己愛と憐れみの情を取り戻すことだ。不信の哲学に立つ社会秩序、つまり〈私〉と見知らぬ他者とが互いに拘束しあい、時には対立する関係のなかで、自由を構想し実現しなければならない。求めるべきは「自然人としての自由」

ではなく、社会秩序における「市民としての自由」である。ルソーは「市民は自由を強制される」という。

ルソーの言い回しは、時折、独特で意味深長なために読む人を困惑させる。人びとは市民として、「自由であるように強制される」とは、一見矛盾した表現である。自由とは、拘束や強制されないことなのだから。ところで、「自由」は英語ではフリーダムあるいはリバティーという。フリーダムは強制されないこと、拘束を解かれて得られる他律的自由である。リバティーは、「惜しみなく与えるリベラル」に由来する自律的自由をいう。

ルソーのいう自由はリバティーの方で、社会契約に関係する。『社会契約論』には市民になる自由と、市民としての自由という、二つの意味での自由が語られている。

第一に、市民になる自由について。それぞれの〈私〉は自然状態を脱し、自由と権利に基づく新しい社会を創造するために、互いに自発的な「約束」を交わす（最初の社会契約）。

> どうすれば共同の力のすべてをもって、それぞれの成員の人格と財産を守り、保護できる結合の形式をみいだすことができるだろうか。この結合において、各人はすべての人々と結びつきながら、しかも自分自身にしか服従せず、それ以前と同じように自由でありつづけることができなければならない。（『社会契約論／ジュネーヴ草稿』）

互いに拘束し合いながらも自分以外の誰にも支配されないとは、それぞれの〈私〉が自分自身の主人になることにほかならない。ルソーはこれを根本問題といい、これを解決するのが社会契約であるという。では、なぜ、社会契約によってすべての人間が互いを拘束しながら、誰も自由を奪われずに、みなが自由でありえるのか。それはつぎのような条件で社会契約が行なわれるからだ。

それぞれの〈私〉は、互いに自分のもつ自然的な自由と権利をすべて「共同体の全体」に、自ら進んで譲渡する、つまり「惜しみなく与える」のだ。これは、〈私〉のリバティー（自由）の発露である。その際、譲渡は留保なしに行なわれるので、特定の人間だけが得することはない。また、全員が平等に譲渡を行なうので、特権をもつ上位の人間もいない。要するに、「各人がすべての者にみずからを与えるのだから、みずからをいかなる個人に与えることもない」。

このように共同体に譲渡した各人の自然的な自由と権利は、社会契約によって、再び今度は一人ひとりに市民的な自由と権利として戻ってくる。そこではすべての人びとが「主権者」として、自分自身を支配する自由な市民となる。

第二の、市民としての自由について。ルソーのいう、市民は「自由であるべく強制される」ことの意味は、各人は市民としてさまざまな議論に参加し、自分で考え、判断し、決定せよと求められるということである。そのとき重要なのは、市民は、一般意志に従うということである（一般意志は、共通の利益の一致、誰もが欲すること、社会の成員の共通の意志などの意味をもつ）。それは、次のような事情による。現実の個人は、それぞれ個別の意志をもっていて、一般意志に反したり、これとは異なる意志を持つこともあり得る。また、共同の利益のためにはたすべき任務を、ただ働きはいやだといって放棄したり、理屈をこねて市民としての義務をはたさず、権利だけ享受したりすることもあるだろう。このように社会契約を空虚な「約束」の表現にしないために、誰もが一般意志への服従を強制される。

ルソーによれば、一般意志は「つねに正しく、つねに公益を目指す」という。ひとことで言えば一般意志とは、正しい判断や「みなの利益になる」判断を下すときに使われる「物さし」、基準である。一般意志にもとづいて、〈私〉は、市民社会の主人として振る舞うことを「強制」されるのである。

第15章　道具と人格

アイヒマン実験とカントの人格論

無意識の「役割」行動

オリヴァー・ヒルシュビーゲル監督のドイツ映画『ｅｓ』を観た。

「エス」はフロイト心理学の基本用語で、無意識の心の欲求を意味する。晩年のフロイトは、人間の心を「自我―エス―超自我」の構造モデルでとらえようとした。エスは、混沌、沸き立つ興奮に満ちた釜であり、快感原則の厳守のもとに、ただ欲動欲求を満足させようという動きしか持っていない。エスは、いわば混沌とした欲望の集積であって、生きるうえで欠かせない欲求、性欲や衝動的な欲望をさす。性の衝動（エス）のままに行動すれば、社会の規範やルール、世間の常識や価値観といった、フロイトのいう「外界」に抵触して、周囲の批判に晒されたり、社会的な罰を受けたりする。それゆえ、自我は外界のルールに従って、衝動（エス）を抑えようとする。衝動（エス）は、ふだんは無意識の中に閉じ込められ抑圧されている。外界の規範のほかに、衝動（エス）を抑えるものとして超自我がある。超自我とは、家庭内でのしつけや両親の命令などが内面化され、内的な規範になったものだ。

　このように自我は、つねに「～したい」という衝動（エス）と、「～ねばならない」という超自我や外界の規範の間で揺れ動いているのだ。

　映画『ｅｓ』は、一九七一年の「スタンフォード監獄実験」をモデルにした模擬刑務所物語である。スタンフォード大学が実験で証明しようとしたのは、普通の人が特殊な地位や権力をもつ「役割」を与えられると、いつの間にか無意識にその「役割」通りに振る舞い、行動してしまうということだ。

　映画『ｅｓ』の粗筋を紹介しよう。

　場所は、ドイツのとある大学医学部の地階に設けられた模擬刑務所。「実験者募集」の新聞広告を見た二十人の男たちが、被験者として雇われる。実験内容は、それぞれが抽選で看守役と囚人役とに分かれて、模擬刑務所で二週間の獄中生活を共にするというものだ。

　実験開始の数日間は、たいしたトラブルもなく和気あいあいで時間は過ぎる。が、ちょっとしたことから看守と囚人はぶつかり、諍《いさか》いをはじめる。両者の対立関係は悪化するばかりだ。看守長は他の看守たちに命令して、反抗的な囚人たちに懲罰と称して暴行を加えたり、独房に監禁したりする。看守の暴力は次第にエスカレートする。

　隠しカメラで刑務所内の様子を監視していた大学助手は、実験の続行は危険と判断し、刑務所の外にいる最高責任者の教授に実験の中止を求めるが、聞き入れられない。刑務所内では、今や看守長が最高権力者となって、暴力はどんどんエスカレートし、ついに暴行を受けた囚人の一人が死亡する。これを見た囚人たちは命からがら脱獄をはかる。そうはさせまいと囚人たちを追いかける看守たち。最悪の事態に気づいた教授は実験をやめさせようとするが、もはや手遅れだ。教授は看守に銃で撃たれて死亡し、看守と囚人双方に多数の死傷者を出すという悲惨な結末で、実験は幕を下ろす。

映画はスリリングな展開で見ていて飽きない。権力を手にした看守役の人びとが、いつしか囚人たちを虫けらのように扱い、平気で残忍な暴力をふるう人間に変貌していく様には、背筋が凍る思いがした。なんとも後味の悪い映画だった。普通の人が同じ状況におかれた場合、誰もがそのように振る舞ってしまうものなのだろうか。与えられた役割になりきって、他人を平気で痛めつける人間になってしまうのだろうか。それなら、いったい、人間の良心はどこにあるというのか。そんなモヤモヤ感が、心の片隅にくすぶりつづけた。

アイヒマン実験

そんな折、友人の研究者から献本された『〈認められたい〉の正体——承認不安の時代』（山竹伸二、講談社現代新書）によって、「ミルグラム実験」（通称アイヒマン実験）を知った。「スタンフォード監獄実験」を遡《さかのぼ》ること十一年、一九六〇年にエール大学のスタンレー・ミルグラムが行なった実験である。「アイヒマン実験」と呼ばれるゆえんは、ミルグラムの実験の意図が、残忍なユダヤ人絶滅作戦を実行したナチスの人びとの心理の解明にあるからだ。「アイヒマン実験」は、権力への服従と、良心の喪失がモチーフである。

話を進める前に、アイヒマン（一九〇六—一九六二）について述べたい。本名はカール・アドルフ・アイヒマン。ドイツのナチス政権による「ユダヤ人問題の最終的解決」、つまりホロコーストの実行責任者の一人で、親衛隊将校である。数百万のユダヤ人を強制収容所へ移送するにあたって、指揮を執った。ドイツの敗北後いちど逮捕されたが、一九四六年に脱走し、アルゼンチンに逃亡、逃亡生活中の一九六〇年、イスラエルの秘密警察モサドによって発見・逮捕され、空路イスラエルに送られた。エルサレムでの裁判の結果、アイヒマンは絞首刑に処された。

六百万人以上のユダヤ人を虐殺したホロコーストは、「一人の人間の頭から出たものかもしれないが、非常に多くの人たちが命令に従ったからこそ、大規模に施行することができたのである」。つまり、普通の人びとが権力の命令に服従したから実行されたのであり、その心理の解明が目的であった。

ミルグラムは、「良心に反することを命令されたとき、従うべきか否か」という古くからの道徳問題を下敷きに、戦時下の指揮官の命令を、平時の実験者の命令に置きかえて、この問題を考察した。すなわち、「人間は、合法的権威によって、第三者を害するように命令されたとき、どうふるまうであろうか」という一般的な問題に移し替えて、新聞広告に応募した千人の被験者を相手に、「簡単な実験」行なったのだ（S・ミルグラム『服従の心理——アイヒマン実験』岸田秀訳、河出書房新社）。

「急募——記憶研究のための人員を求む」という新聞広告に応募した千人の被験者が、「教師役」となり、「生徒役」の人間に単語の記憶テストを行なう単純な実験である。実験では、誤った答えをした「生徒役」に、「教師役」の被験者が電気ショックを与えることになっている。その電気ショックは、一五ボルトから四五〇ボルトまでの送電器によって与えられる。「教師役」の被験者は新聞広告に応募した普通の人びとだが、「生徒役」は、じつはミルグラムが雇った「さくら」である（だから、生徒役には実際には電気ショックは全然加えられないのに、苦痛を受ける芝居をするのだ）。

実験結果は、普通の人間が、極端なまでに実験者の指示に従うことを示していた。ミルグラム自身があきれるほど驚いたことに、被験者の「かなりの割合の者が、送電器の最高のショック水準である四五〇ボルトまで」、操作をつづけたのである。被害者（生徒役）が電気ショックで苦しもうが、やめてくれとどんなに頼もうが、被験者（教師役の普通の人びと）の多くが、実験者に服従したという。

実験結果にもとづいてミルグラムは、ハンナ・アレントの『イェルサレムのアイヒマン』（大久保和郎訳、みすず書房）に言及し、「『悪の平凡さ』というアレントの考え方は、真理に近い」と主張する。つまり、ユダヤ人絶滅作戦における強制移送の最高責任者アイヒマン・ナチス親衛隊中佐は、決して化け物のサディストではなく、机の前で淡々と職務を果たした平凡な官吏なのである。その意味では、同じような状況におかれた場合、誰もが第二のアイヒマンになりうる可能性があるというのだ。

アイヒマンの主張

さて、当のアイヒマンは、戦後アルゼンチンに逃亡し潜伏生活していたところを、モサド（イスラエルの諜報機関）に捕まり、エルサレムで裁判にかけられた。アイヒマンはナチ帝国保安部の元課長で、ユダヤ人問題の専門家《スペシャリスト》としてユダヤ人追放の任を担当し、ユダヤ人のみならずポーランド人、ロマ人などを、強制収容所や絶滅収容所へ移送する責任者であった。彼はユダヤ人絶滅作戦の最高責任者の一人として、ユダヤ人をはじめ収容所送りになる人々の「人物調査、強制収容、強制移送、財産の没収」の任務を果たした。ロニー・ブローマンとエイアル・シヴァンは三百五十時間にも及ぶアイヒマン裁判を、二時間のドキュメンタリー映画に編集し、『スペシャリスト』を制作した。そこには、アイヒマンの人物像と主張が窺える。

エルサレム法廷でアイヒマンは、自分はユダヤ人虐殺を行なったことも命じたこともなく、単にユダヤ人の絶滅収容所への移送を担当しただけだ。「命令に従って義務を果たした」だけで、虐殺の責任はない、なぜ罰せられるのかわからない、とくりかえした。アイヒマンは自らを、「力は弱すぎるし、権力もない」、「攻撃的ではなく、……従順でおとなしく」、「上の権力の手に操られる道具でしかなく」、「大海の一滴のようなもの」であり、自分の役割は「伝達係」にすぎず、したがって「服従の誓いに従って命令を実行」しなければならず、「自発的に、意図して命令を実行したのではなかった」、悔やまれることは「（ヒットラーとナチスへの）忠誠の誓いに縛られていた」ことだ、と弁明した（『不服従を讃えて——「スペシャリスト」アイヒマンと現代』ロニー・ブローマン／エイアル・シヴァン、高橋哲也・堀潤之訳、産業図書）。要するに、アイヒマンは自らを、命令に従って義務を果たした「道具」である、といったのだ。道具だから、そこには自らの意志の自由も、したがって判断の責任もない、というのだ。

私が思うに、アイヒマンは自らを道具にしただけではない。ユダヤ人という人間をも、「もの」とみなした。他者を「もの」とみなす人間の意識は、他者に対して閉ざされてしまう。自らの意志の自由をなくして自分自身を道具にする人間は、同じように他者をも、自由な精神を持たない「もの」とみなしてしまう。実際、ナチス・ドイツは収容所に到着したユダヤ人から、すべての所持品を奪ったばかりか、名前も奪い、代わりに認識番号を与えた。ナチス・ドイツにとってユダヤ人は、単なる番号のついた「もの」であり、数の塊にすぎなかったのである。

カントの人格論

「他者を手段としてだけではなく、人格として尊重せよ」といったのは、カントである。カントは道徳的自由論において、四つの道徳的義務を定めている。その第二番目の義務が、「目的の方式」と呼ばれるものだ。

汝自身の人格にある人間性、およびあらゆる他者の人格にある人間性を、つねに同時に目的として使用し、けっして単に手段として使用しないように行為せよ。

自分の人格を尊重するように、いつでも、どこでも他者の人格も尊重せよ。それは、道徳法則からの命令だというのだ。しかも、それは決して外的な権力からの命令ではなく、個人の内面世界にある人間として守るべき義務・命令である。

では、アイヒマンが果たした「義務」はどうであろうか。アイヒマンが従ったのはナチスの命令であって、人間として守るべき道徳上の命令ではなかった。彼はナチス党員としての「義務」を果たしたのであって、自身の内側からの「義務」を尽くしたのではない。

ここでは、自らを「道具」として扱う人間は、他者を「もの」として扱う、ということを覚えておこう。

ナチズムの嵐のなかで多くの人間が良心を麻痺させ、自らを「道具」化して生き延びようとした。しかし、ナチズムの暴力のなかで、人間としての内なる「義務」に従い、自らの人格、すなわち良心と人間性を、最後まで守り続けた人びともいた。意志をもたない「道具」ではなく、自分の良心、したがって自分自身の内なる理性の声に耳を傾け、自分自身の意志によってなすべきことを選択し、行動した人びともいたのである。

たとえば、ディートリッヒ・ボンヘッファー（一九〇六―一九四五）。ボンヘッファーは、キリスト教神学者としてヒトラーを批判し、国防軍部内のヒトラー暗殺計画に加わったために逮捕・投獄され、絞首刑に処せられた。ボンヘッファーは、「車にひかれた犠牲者に包帯をまいてやるだけでなく、（ナチスという）車そのものを停める」として、ヒトラー暗殺という直接行動に出ようとしたのだ。

また、「白バラ通信」のハンス・ショルとゾフィー・ショルの兄妹、二人は、ミュンヘン市内の家々に、ヒトラーとナチスへの抵抗を呼びかける「白バラ通信」と題されたビラを配り、大通りに、「ヒトラー打倒！　自由万歳！」と白ペンキの落書きを書くなど、反ナチス抵抗運動を行なった。二人は後に、秘密警察ゲシュタポによって逮捕・連行され、裁判を受けて死刑を宣告され、即刻執行された。

第16章　カントのコペルニクス的転回

デカルトの転機

長い人生、誰にも一度や二度、心身の大きな変化や転機を迎え、悩むことがある。男の私にとっては、たとえば声変わり。あれは、私が中学二年生の頃だった。ある日突然、声が出なくなった。英語の授業中、先生から教科書を朗読するようにいわれても、一行も声にならない。声が出ないというより、声をなくしたのである。二週間ほど経ったある日、突然、言葉が口をついて出るようになった。が、しかし、それは聞き慣れた以前の私の声ではなかった。まるで他人の声、私が私でなくなったような、身体が突然奇妙に変化する不思議な体験だった。

では、転機はどうか。転機とは、たとえば他者や新しい世界との出会いによって、自分のなかにある価値観や原理が新しく変わることである。人生や世界、人間に対する見方が、根底から変わってしまう体験である。転機が訪れると、もう以前と同じように考えたり、行動したりはできなくなる。

たとえばデカルトの場合、転機は世間との出会いである。ヨーロッパ最高峰の象牙の塔であったイエズス会のラ・フレーシュ学院や、ポワチエ大学での人文諸学に飽きたらず、「世界という大きな書物」のうちでさらに学問を探究しようと、デカルトは世間に飛び出してヨーロッパ各地を転々とした。彼が世間を放浪するなかで得たものは、「わたしを基にして判断する自由」である。それは、自己中心性から出発して、世界や社会に向き合うことである。自己中心性をもつ私から出発して、良識〈理性〉をうまく働かせよ。人間の「外」に君臨する神の力ではなく、人間の「内なる」理性の力、言いかえれば、自分自身で判断する自由から出発して、世界に立ち向かうのである。「私は考える、ゆえに私は存在する」。世間の人びととの出会いによって、デカルトは新しい原理をつかみ取ったのである。

ルソーとの出会い

「神ではなく自分の意志に服従せよ」、〈私〉の内なる「理性の声」に従え、といったのはカントである。カントは数々の名著を著したが、ひと味違う趣をもつのが『覚え書き』である（『〈美と崇高の感情にかんする観察〉への覚え書き』、「カント全集」十八、岩波書店）。『覚え書き』は、もともと他人に読まれることを想定しないで書かれたメモである。それゆえそこには、生身の飾らないカントのひらめきが散見される。

『覚え書き』の最初の一行は、古代ローマの風刺詩人ペルシウスの、つぎのことばからはじまる（私なりにわかりやすく書き直した）。

あなたが求めるものはあなたのうちにある、あなた自身に尋ねよ。

なんとカントらしい目のつけどころか。百頁余りの『覚え書き』には、エピクロス、ゼノン、ソクラテス、アリストテレスなど、ギリシャやローマ時代の哲人にはじまり、ホッブズ、ニュートン、ヒュームら近代の哲学者や科学者らの名前が、ちりばめられている。そのほとんどは、一、二度の言及や引用にとどまっているが、しかしルソーだけは別格である。ルソーの名前は十二回も出てくる。

カントの転機は、ルソーとの出会いによってもたらされた。ルソーは、若かりしカントが最も感銘し、強い影響を受けた思想家である。カントは七十数年のほぼ生涯を、ケーニヒスベルクで過ごした。ケーニヒスベルク（当時は東プロイセン領で、現在のロシア領カリーニングラード）はバルト海に面した貿易都市で、東プロイセンの中心都市だった。政府官庁や大学がおかれ、世界中の植民地との交易の窓口で、さまざまな民族が出入りした。カントは、たとえ旅行しなくても、「ケーニヒスベルクのような都市は、確かに人間知ならびに世界知を拡大する上に好適な場所である」と書いている（『人間学・教育学』三井善止訳、玉川大学出版部）。ケーニヒスベルク時代、時間に厳格なカントが、日課の午後の散歩を忘れてしまうほど、ルソーの『エミール』を読みふけったという。

この頃のカントは、知識のみが「人類の名誉」となりうると信じ、「無知な賤民」を軽蔑していた。いってしまえば、自分は頭でっかちの、傲慢で人を見下す横柄な人間だった、と告白している。しかし「そんなわたしの誤りをルソーが正してくれた。目をくらます優越感は消え失せ、わたしは人間を尊敬することを学ぶ」ようになったのだ。カントはきっと、ルソーの思想に深く共鳴し、心打たれたにちがいない。「賤民」と軽蔑していた労働者を、人間として尊敬する気持ちに変わった。その思いの変化は、自らのものの見方の大転換であった。

ルソーから体得した思想を核にして、後のカントは、「他者の人格を尊重せよ、他者を手段としてだけではなく、人格そのものとして扱え」と定めた。すべての人間を人格という価値をもつ存在として尊敬することにより、「人間的な権利を樹立できる」。人はみな、人格を持つ存在として平等なのである。

人間の本性と法則性の発見

カントがルソーから学んだ「人間を尊敬すること」は、後のカント倫理学のキーワードである「道徳法則への尊敬の念」につながるものだ。それは『覚え書き』の中のつぎの言葉によってもうかがい知れる。「ルソーは初めて、(中略) 人間の本性と隠れた法則を発見した」。カントの眼には、おそらくルソーの「一般意志」は、より善い市民社会に向かうための法則と映ったに違いない。

『覚え書き』にはほかにも、次のようなカントの率直な言葉が記されている。

「エミールを育てなければならない」、「ルソーの主要な意図は、教育が自由な仕方でなされ、また自由な人間をつくるということにある」、「ルソーの教育は、市民社会が再び栄えるのを助ける唯一の手段である」。エミールは、『エミール』という教育をテーマにした物語の主人公の少年である。エミールはルソーが創り出した架空の子供で、生まれた時からルソーの教育論に従って育てられる。ルソーは、個性尊重の自由主義教育を主張した。『エミール』で描かれたルソーの教育論は、世界中の教育学や教育者に大きな影響を与えつづけている。

カントがルソーから学んだものは、人間性の平等と、ほかにもうひとつある。それは、「自由」である。ルソーは、人間だけが、自己保存し生きていくために諸々の手段の判定者となるから、「自分自身の主人となる」といった。「自分自身の主人」となるとは、言いかえれば、「意志の自由」をもつことである。

「意志の自由」がめざすものは、最高善、人格、人間の尊厳といった価値であり、それは道徳法則、つまり理性からの命令で義務である、とカントは考える。それゆえ、誰もが自分自身の力で、そうした価値を目指して生きられる原理を見出すこと、人間が善いものや正しいものに向かう道徳的原理を打ち立てること、この課題をカントは「意志の自由」に根拠をおいて解決しようとした。

では、カントのいう「自由」とはいかなる概念か。

カントの自由の概念

カントは、『純粋理性批判』において理性が陥る四つのアンチノミーを論じている。アンチノミーとは、一つの事柄に関して、両立し得ない二つの主張が同時に提出されることだ。すなわち相反する二つの命題が、同時に成立すると主張することだ。カントは、このような相反する命題の一組を「アンチノミー」（二律背反）と呼んだ。カントの示した純粋理性の四つのアンチノミーは、つぎの通りだ。

第一に、世界の時間的・空間的限界に関して（世界にはじまりはあるか、ないか。また世界の大きさの限界はあるか、ないか）。

第二に、単純なものに関して（これ以上分割できない物質の最小単位はあるか、ないか）。

第三に、自由に関して（世界には自由があるか、それとも自由はなく、すべてが因果関係の法則によって起こるのか）。

第四に、世界の原因の系列に絶対的必然的存在者がいるか、いないか（神の存在）。

今見たように、カントは純粋理性の第三アンチノミーで、自由を「ある状態とこの状態から生じる結果の系列との絶対的な始まりを設定する能力」であると述べている。自由とは、「絶対的な始発性」である。

うーむ。これだけでは、なんのことか、さっぱりわからない。

「絶対的な始発性」とは、簡単にいえば、ものごとの第一の絶対的なはじまりのこと。たとえば自然界で、もし「第一の始まり」ともいうべき最初の原因があると仮定すると、とたんに矛盾に陥る。因果関係の法則が支配する自然の世界では、結果の前に原因があり、その原因（結果）を生みだす原因がまたあり……無限に原因へと遡ることができる。だから、自然界で「第一の始まり」、つまり最初の原因を想定することは、矛盾である。自然界にあるのは因果関係の法則、すなわち原因と結果の無限の連続だけで、そこには絶対的なはじまりはないのだ。自然界に絶対的なはじまり（第一のはじまり）がないとしたら、それは自然界の外に「ある」と想定するしかない。自然の因果性とは別の、独立したもうひとつの因果性がある。「自由による因果性」、すなわち自由という名の第一の原因である。それをカントは「先験的自由」と呼ぶ。

本能（カントは感性界とよぶ）にしばられている動物たちには、自由はない（カトリックが支配する近代以前のヨーロッパ社会では、神だけが自由な存在とされた。なんといっても、神が「第一のはじまり」として万物を創造したのだから）。

しかし本能のままに行動する動物とちがって、人間は「結果」を思い描いて行為できる。ある行為の結果をもたらす原因として、人間の意志の自由がある。人間は目標を立てて、それをめがけて行為することができる。それが自由だ、とカントはいう。したがって人間は一方で自然の法則（本能）に規定されながらも、他方では自分の意志で自由に生きることができる。

このようにカントは、自由とは物事の第一の絶対的な始まりであり、それ以前に一切の原因を前提しないことであると考えた。それ自身より先の原因に依存しないで自分がものごとの原因、すなわち「はじまり」になれることを、自律という。人間は自分の行為の原因として、自分の意志をもっている。意志の自由という始まりを、人間はもっている。意志の自由や自律にこそ、人間の固有の尊厳や人格の本質がある。こんなふうにカントは考える。自由と人間の尊厳、人格および価値の概念を柱にして、カントの道徳的自由論は成り立つ。

カントの道徳論の中心は、なんといっても「自由」である。万人が神の被造物であり、それゆえただひとり神だけが自由な存在であった時代に、彼は、人間もまた神と同じく自由な存在であると宣言した。「神の声」ではなく、わたしの内なる「理性の声」を聞け。理性を持つがゆえに、人間は神を前提せずに自分自身で決定し行動することができる。自分の人生を、自らの意志で決めることができる。大切なことは、〈私〉の自由が向かう先は、つねに正義や善でなければならないことだ（うーむ、ちょっとできそうにない感じがする）。また、他者を人格として平等に扱わなければならない。

カントのこうした見解は、かれの生きた時代に、コペルニクス的転回ともいうべき思想の転換であった。

今ではもうすっかり、自由や自律（自己決定の権利）は、当然のように誰にでも具わっているものとみなされている。しかし神が万物の創造者であり、すべての掟の決定者であった時代において、神を必要とせずただ自分の意志だけを信じて行動せよというのは、異端にも等しい主張であった。道徳の原理を、神の掟（キリスト教）から切り離して、純粋に人間に内在する原理（理性）から基礎づけたこと、この点においてカントの思想は中世の哲学・思想と一線を画している。カントこそが、近代的自由の理念の生みの親なのである。

第17章　学ぶ力

オモニの夜間学級

二十年ぶりの北京

二〇一一年の夏、日中哲学シンポジウムに参加するために、中国の北京大学を訪れた。二十年ぶりに訪れた北京の街は、大きく変貌をとげていた。朝夕、往来にあふれていた自転車の群れに代わって、今では自動車が街道の主人公だ。日本と違って中国では、新車を購入するのに車庫証明は要らないそうだ。金と運転免許さえあれば、誰でも車を手に入れられる。今や、北京はすっかり自動車天国である。道路はどこでも自動車が威張っている。歩行者は、信号無視して突進してくる車をうまくよけながら交差点を渡らねばならない。

車であふれた北京の空は、いつもくすんで見える。街を歩いてしばらくすると、足もとから漂う汚臭が鼻を突く。街角のマンホールは、どこもゴミと汚物で溢れている。街中は、とにかく慌ただしい。競うように歩く人びと、どこに行っても人、人の群れ。北京の街は変わったが、人びとの姿は二十年前と変わりなく、活気に満ちていてたくましい。

日中哲学シンポジウムは、大阪経済法科大学アジア太平洋研究センターと、北京大学哲学部の共催で行なわれた。私は、第二分科会「個と共同性」のコーディネーターを務めながら、拙論「ホッブズ問題の原理的考察」を発表した。同じ分科会には、東京から竹田青嗣（早稲田大学、現象学）、山脇直司（東京大学、公共哲学）の両氏に加え、新進気鋭の教育哲学研究者の苫野一徳さん（早稲田大学大学院、現在は熊本大学講師）が参加し、各々論文を発表した。竹田さんと山脇さんは、ともに哲学の分野では知る人ぞ知る大家だが、私が注目したのは苫野さんである。

彼は北京に来る直前に、『どのような教育が〈よい〉教育か』（講談社）を上梓した。これがなかなかおもしろい。切れ味鋭い文体で、これまでの教育学にはない、まったく新しい観点を展開している。

苫野さんは、自分の自由、つまりできるだけ生きたいように生きるという欲望を、実質化するために必要な教養の獲得を保障することに、教育の本質があるという。そのためには、どうすればよいか。「私の自由が他者から認められると同時に、私自身もまた他者の自由を認めるということ、つまり〈自由の相互承認〉の理念を共有すること」だと、苫野さんは主張する。注意しなければならないのは、〈自由の相互承認〉が、〈私〉と他者との自由の相互承認にとどまらず、「社会的・制度的にといった意味も含めて承認される」という意味を持つことだ。苫野さんは、こうした意味を込めて、教育は、各人が自由に生きたいという欲望を実質化するために必要な〈教養、つまり力能〉の獲得を保障してくれるもの、という意味をもっているという。〈力能〉とは、自由に生きるための力という意味だ。

人間の欲望（＝自由）を、教育や法といった社会制度との相関関係においてとらえる視点を示した最初の哲学者は、ヘーゲルである。苫野さんはヘーゲル哲学を論拠に、これまでとは違う斬新な教育哲学を論じている。苫野さんのいう、〈教養＝力能〉を通した〈自由の相互承認〉の実質化、この言葉で思い浮かべるのは、私のオモニ（母）の姿である。

北京での出会い

二十年前の夏、私は「第四回朝鮮学国際学術討論会」に参加するために、北京を訪れていた。二日目の夕刻、北京市の人民大会議堂で行なわれた歓迎会で、意外な女性に出会った。大阪市立天王寺中学校夜間学級の教師・岩井好子先生が、その人である。

岩井先生は、戦争や差別、貧困などの事情で学校に通うことのできなかった在日のオモニや被差別部落の人たちのために、自主的に何十年も教鞭を執られた。当時、天王寺中学校夜間学級には、たくさんの在日朝鮮人・韓国人のハルモニ（おばさん）たちが学んでいた。私のオモニも、その一人である。

私のオモニは十四歳のときに、韓国済州道《チェジュド》から単身、大阪に住む親戚を頼って渡日し、十七歳で私の父と結婚した。以来、日々の生活に追われ、一度として日本語を学ぶ機会を得ずにいた。オモニは、流暢な日本語（大阪弁と標準語）をしゃべる。が、読み書きはまったくかなわない。時折、母は「ああ、字がわかったらな、どんなにええやろな」とため息まじりにつぶやいた。そのようすを見て、私の心は痛んだ。

天王寺中学校夜間学級の噂を耳にしたのは、そんな時である。

母の夜間学級

大阪市立天王寺中学の夜間学級が開設されたのは、一九六九年六月五日、大阪ではじめての府教委認可校として夜間学級が開校されたのである。中学校夜間学級の生徒たちは、義務教育適齢期に差別や貧困などさまざまな事情で、仕方なく小中学校を卒業できなかった人たちだ。夜間学級には、年齢、国籍を問わずたくさんの人びとが学んでいた。第一回入学生は八十九人。そのほとんどが、義務教育を受けられなかった在日のオモニたちであった。

私はさっそく、オモニに入学を勧めた。「いまさらこの歳で勉強してもはじまらん」と、母は乗り気ではなかった。しかしそれでも、私の強い勧めと、生まれながらの旺盛な向学心がさいわいし、ついにオモニは心を決めて夜間学級に通いはじめた。中学校の学舎で、オモニは岩井先生に国語（日本語）や社会、算数などを学んだ。早朝から昼過ぎまでのビルの清掃の仕事を終え、帰宅して家事や雑用をすませてから、夕方五時過ぎにバスと電車を乗り継いで登校し、家に戻ってまた復習する。机代わりのちゃぶ台で、鉛筆を手に教科書と格闘するオモニの姿は、一所懸命で若々しかった。こんなしんどい日課を、オモニは根性でこなした。

そんな生活が二年間ほど続いただろうか。いつしか、仕事や家族の事情が重なり、次第にオモニの足は天王寺へと向かわなくなってしまった。

「オ・ウォンスン（呉元順）さんの息子さんやろ。オモニのことは忘れてへんよ。元気にしてはる？」。

北京で偶然に巡り会えた岩井先生は、しっかりと私のオモニの名前を覚えていらした。先生の口から出る柔らかくやさしい大阪弁は、あの頃のオモニの姿を思い出させた。およそ義務教育や学校とは縁のなかったオモニにとって、あの夜間学級は唯一、自分のためにに過ごせたはじめてのかけがえのない時間と場所だったろう。夜間学級に携わったある教員は、「オモニたちは入学し、文字を知って自信につながり、生きていく楽しみとなって、美しく、若くなっていかれる」と語っている（「民団新聞」一九九九年二月三日付）。その通りだと思う。私のオモニも、夜間学級で文字（日本語）を学び読み書きできるようになって、前にもまして生きる自信を得て、生き生きしていた。そしてなによりも、日本語などの教養（苫野さんのいう力能）を体得したオモニの世界は確実に、家族以外の他者との自由な関係へと広がっていった。

他者に開かれていること

ある日、オモニが一冊の文集を持ち帰った。そこには、「シドンセンのこと」と題する作文が載せられていた。その作文の終わりは、「わたしは、シドンセンのことが、いちばん、しんぱいでなりません」と結ばれている。シドンセンとは、オモニの義理の弟（夫の実弟）のことである。太平洋戦争中、シドンセンは大阪の軍需工場に徴用され働いていたが、米軍のB29の爆撃のあった日以来、戻らないという。その時以来、オモニは、帰らぬシドンセンがきっと生きていると信じ、いつまでも待ち続け、探し続けているのである。私は、オモニが日本語で著した一文ではじめて、オモニのシドンセンへの思いと気がかりを知らされたのである。

北京での岩井先生は、修学旅行で広島に行ったときのオモニの様子を話してくださった。原爆慰霊碑を手でさすりながら、オモニはシドンセンの名前がないか懸命に探していたという。そんな必死なオモニの姿が見えるようで、私は、溢れる涙をこらえることができなかった。実の息子の私であっても知らない母の、心の奥底に触れた思いがした。

親子であるということから、オモニのことは自分がいちばんよく知っているつもりでいた。が、本当は知らないことばかりなのかもしれない。人間とはわからないものだ。いつも一緒にいる家族だからといって、相手（他者）を深く理解しているとは限らない。家族といえども、それぞれが違った個性や人格を持ち、固有の人生を送る、立派な他者である。身近な身内だからといって、決して自分の意のままになるわけでもなく、自由な心の内をすべて知りうるわけでもない。しかし、オモニが体得した日本語という「ことばの力」によって、私ははからずも、オモニの内に秘められた他者への想いを知ることができた。

家族や友人であれ、見知らぬ他人であれ、他者に対して常に開かれていることによって、人との交わりと人生を豊かにすることができる。「開かれている」とは、すなわち「自由に人と関われる」ことである。他者に開かれ、他者と向き合うときに重要なのが、「ことばの力」である。

ことばの力と相互承認

オモニが夜間学級で会得した日本語という「ことば」の力によって、私は、オモニの心に生きる他者の存在を知ることができた。また、オモニは夜間学級の学舎で新しい他者、すなわち友人たちと過ごし、新しく身につけた日本語の力によって、着実に日本社会で見知らぬ他者たちと、自由に交わることができた。

「ことばの力」は、オモニが夜間学級の学びで獲得した「力能」、すなわち自由に生きるための力である。オモニの心や世界は、新しく学んで身についた「ことばの力」によって、開かれたのである。

私や家族を宝のように愛し大切に育ててくれた母を、私もまた宝物のように愛している。親子の愛、それは自他の究極の相互承認である。

自他の相互承認を深く洞察したのが、ヘーゲルである。自分自身の欲望や経験を深く洞察すれば、必ずそこには「共に生きようとする欲望」、つまり良心があるのに気づくはずだ。いかにして、良心をもって他者と共に生きることができるのか。相互承認の原理とは、自己中心的な人間が、他者との関係をとおして、「共に生きようとする欲望」を互いに了解することである。

次章では、ヘーゲル哲学における自由の相互承認の原理を見ることにしよう。

第18章　共に生きようとする欲望

ヘーゲルの相互承認の原理

父と母の生き方

オモニ（母）の夢をみた。夜間学級の遠足の日。母と私は、公園の青々とした芝生のうえで弁当箱を広げ、一緒にほおばっている。自己紹介の時間、「恥ずかしいよ。私は他人に紹介されるような立派なものは、何ひとつないよ」といって、ぐずる母。「オモニ、そんなことはないよ」と励ましながら、尻込みする母の手を引こうとしたら……、目が覚めた。

母は現在、九十七歳（一九一七年のロシア革命の年に生まれた）。韓国から来日したのが十四歳のときで、以来八十年間のほとんどを大阪で暮らした。今、母は、大阪市生野区にある特別養護老人ホームで過ごしている。ふだん、母を訪ねて話し相手をするのは、長年母と一緒に暮らしてきた四番目の息子夫婦と孫たちだ。

先日久しぶりに老人ホームを訪ねた。そのとき、母が意外なことを口にした。「なんであの時、死ねなかったのか。いっそ、川のなかで死んでしまえばよかった」ということばを、母はしきりにくり返すのである。私が初めて耳にする、母の過去のやるせない話だ。

長兄に尋ねてみた。

「かあさんは若い頃、幼い姉と自分を道連れに、長良川で心中しようとした、結局、はたせずに生きて戻った、死にきれなかったことを悔やみ、その時の辛い思いが今また、かあさんの心を責めるのだろう」。

長兄はこのように打ち明けてくれた。私が生まれるずっと前の話である。これといった定職をもたずに、子どもたちの世話や家庭の面倒の一切を母に押しつけて、やれ朝鮮の統一だ、社会主義だといって飛び回っていた父の生き方を、母は快く思っていなかった。

しかし、私の目から見たアボジ（父）は、優しく穏やかな人だった。私は一度たりとも、父に叱られた記憶がない。祖国朝鮮の統一のために走り回る社会主義者の父を、私は心密かに尊敬していた（私もまた、青年時代の一時期、父のように命がけで社会主義を信奉して朝鮮の統一運動に邁進し、ために家族に大いなる犠牲を強いた）。

家庭を顧みない父と、家族にかかりきりの母。二人は時折、激しく衝突し、そのたびに母は心身ともに傷ついた。今となっては母の心の奥底を知る由もないが、母はとうとう精根尽き果てて、幼子二人を連れて入水心中しようとしたのだ。が、死にきれずに思い直して帰ってきたのである。

高貴な死と謙虚な生

J・D・サリンジャーの名作『キャッチャー・イン・ザ・ライ』（村上春樹訳、白水社）に、つぎのようなくだりがある。若い英語教師のアントリーニが、主人公の学生ホールデンに意見する場面だ。

「でもね、私の目にはありありと見えるんだよ。君が無価値な大義のために、なんらかのかたちで高貴なる死を迎えようとしているところがね」。

こういいながらアントリーニは、ウィルヘルム・シュテーケルという精神分析学者の書いた詩の一句を、ホールデンに語る。

「彼はこう記している。『未成熟なるもののしるしとは、大義のために高貴なる死を求めることだ。その一方で、成熟したもののしるしとは、大義のために卑しく生きることを求めることだ』」。

私は思う。死を賭して朝鮮の統一や社会主義という「大義」を求めるのは、気高い志かもしれないが、それゆえに家族に犠牲をしいることは、未成熟な「良心」ではなかったのか。そしてまた、己自身の欲望のままにひたすら愛する家族のために生きることは、「卑しい」姿に見えるかも知れないが、成熟した人間が引き受ける謙虚な「良心」のあり方ではなかったか。

対照的な人生観をもちながらも、父と母は互いに愛し合い、九人の子どもを授かった。母が夫の思想や活動を理解し受け入れたのは、父の晩年である。父は亡くなる前の数年間、家族のために働き始めた。一日の仕事を終えた父を囲む、つましい一家団らんの食卓の様子が、今でも目に浮かぶ。貧しいが、暖かく楽しい家族であり、家庭であった。

母の教え

日本という異国で人生の大半を過ごしたオモニは、何に喜びや幸せを感じていたのだろうか。オモニの口癖は、「家族は宝」である。学歴や財産、名誉などからほど遠い母にとって、ただ家族だけが生き甲斐だった。

オモニは生涯、ただひたすら家族の幸せのために、身を粉にして働き続けた。夫と八人の息子と娘を支えるための人生、喘息で苦しむ夫の恢復を祈願し、出雲大社初芝分祠の境内を夜通しお百度参りに勤《いそ》しんだ。割れたビール瓶を手にした無頼漢の前に、息子を守るために敢然と立ちはだかった。

オモニの人生は、家族を守るためにあり、オモニの自由は、家族と「共に生きる」ことにあった。そんな母によって、父は支えられ救われた。父と母は、日々の暮らしの中で時には対立し争いながらも、苦労を分かち合い共に生きたのだ。晩年になって父は母に深く感謝し、母は父の生き方を母なりに了解した。私はそう思う。

今では、母はもうすっかり縮こまり小さくなってしまった。しかし、私にとって母は大きな存在であった。私は、母から一度も「勉強しなさい」といわれたことがない。代わりに、母がつねづね子どもたちに言い聞かせたのは、「ご飯粒は一粒も食べ残してはならない」、「決して人様に迷惑をかけてはならない」、この二つである。

かつて韓国の詩人金芝河《キム・ジハ》は、「飯は天である」と謳った。神様から授かった米を、ありがたく、感謝の気持ちで一粒も残さず平らげること。天に感謝する心を、私は母からもらった。もうひとつ。他人に迷惑をかけないかぎり、なにをしてもいい。それはすなわち、自由に生きよということだ。

「天に感謝しつつ、他者とともに自由に生きなさい」。母は私に、このように教えてくれたのだと思う。

他者への自由

もし、何を求めて生きているのかと尋ねられたら、私は躊躇なく、「自由」と答える。では、自由とは何であり、自由に生きるとはどのようなことなのか。

自由についてのヘーゲルの思想は、他の西洋近代の哲学者とは少し趣きが異なっている。多くの西洋近代の哲学者はなべて、自由を核心において自らの哲学体系を構想している。彼らは自由を生来のものとみなすが、ヘーゲルは人間の自由を前提にしない。人間は自由に生まれるのではないが、かぎりなく自由を求める本性をもっていると考える。人間の自由は、「絶対自由」に向かう、とヘーゲルは考える。自由を求める〈私〉の意志は、「個別的な意志」（個人の自由）と「普遍意志」（万民の自由）との一致を求めるし、社会もまたそのように進む（ヘーゲルは、たとえ社会が私利私欲の競争社会になって、人々が堕落しても、個人の自由と万民の自由とが一致する社会は必ず実現すると考える）。

ここで、カントの自由の概念を思い出してほしい（第16章参照）。カントは、自由をものごとの「絶対的なはじまり」、つまり「絶対的原因」ととらえた。自分の存在が、自分自身に原因をもっていることが、自由の意味だ。その意味では、人間は本能に縛られて行動するだけでなく、意志の自由によって行為を始めることができる。これが、カントの主張する自由の概念であった。それは「自律」というべき、近代的自由の概念の中心をなす。

しかし、カントの自由には、重大な足かせがある。それはカントが、自由を自分の意識のなかで実現される普遍性としたことだ〈私〉が、つねに道徳法則と一致するように行為することを、自由だという。ちょっと堅苦しいですね）。カントにとって自由とは、〈私〉が道徳的法則（最高善）をめがけて生きることと切り離せない。

しかし、ヘーゲル的自由は、カントのように「最高善」という道徳的価値をめざさない。ヘーゲルのいう自由は、「他者」という生きた人間そのものに向かう。〈私〉は、他者から切り離されて存在する個人ではない。いや、むしろ〈私〉の欲望は「他者の欲望に向かう欲望」である（コジェーヴ『ヘーゲル読解入門』上妻精・今野雅方訳、国文社）。人間の自由は、いうならば、「他者への自由」である。他者へ向かう積極的な自由が、「自己意識の自由」の原理を貫いている。

ヘーゲルの『精神現象学』の核心は、「自己意識の自由」を中心概念とした相互承認論にある。ヘーゲルは、〈私〉が〈私〉でありたいという自己意識は、周りの他者から「承認せられたものとしてのみ」可能だと考える。〈私〉は、決して独りよがりの〈私〉ではない。〈私〉の「自己意識はその満足を他の自己意識においてのみ達成する」のだ。〈私〉の自己意識が目標とするのは、自己と他者との、自由の「相互承認」である。コジェーヴのいうように、〈私〉の欲望は「他者の欲望に向かう欲望」であり、他者へ向かう積極的な自由である。

自由の「相互承認」の関係では、人間は他者を自分と同様に自立的な存在と見なし、他人の中にこそ自分自身の自立性を発見する。自由を求める〈私〉の自己意識は、他者との関係の中で、たえず対立しぶつかり合いながらも、やがて互いに承認し、共に生きようとする関係へと発展していく。

共に生きようとする欲望とは

「共に生きよう」とする欲望について、ヘーゲルはつぎのように語っている。

自分のために配慮をめぐらせればめぐらせるほど、他人に役立つ可能性が大きくなるだけでなく、そもそも、個人の現実とは、他人とともにあり、他人とともに生きることでしかない。個人の満足は、本質的に、他人のために自分のものを犠牲にし、他人が満足するように手助けする、という意味をもつ。(『精神現象学』長谷川宏訳、作品社)

人は誰でも自分の思いにこだわろうとする。自分の思いや欲望をよく知り、大切にしようとすれば、必ず、己れを顧みず「他人のために」生きようとする自分を発見することができる。そしてまた、自分が手助けした「他人が満足する」姿をみて、喜ぶ自分に出会うのだ。人はつねに誰かの力になり、誰かに支えられて生きている。〈私〉の存在、人生そのものが、「他人とともにあり、他人とともに生きること」である。

ヘーゲルは、〈私〉と他者が「共に生きる」とは、すなわち、自他の相互承認であるという。

自分への配慮にはじまり、他人のためになることをなし、自他の欲望と自由を互いに認め合う。こうして〈私〉は己れ自身の生や、人生の満足や意味を得る、とヘーゲルは考える。

自他の自由の「相互承認」は、〈私〉と他者が「共に生きようとする」欲望を互いに認めあう関係をとおして対立が和解し、新たに「共に生きようとする」意志の関係が生まれる可能性のプロセスだ。それは、現実に生きる人間ならば誰もが、いつでも、どこからでも「生の現場」で実践できる普遍的な原理であるといえる。

「共に生きようとする」欲望（＝良心）があるかぎり、もし意見が食い違っても、〈私〉の意見や主張、確信がつくりだされた経験を、もう一度〈私〉の中で反省し、そうすることによって、それらの根拠を取り出し説明することができる。〈私〉と他人とが経験を確かめ合い、共感することもできる。

このように、ヘーゲルの自由の「相互承認」は、〈私〉と他者が共生できる可能性とその筋道を、原理的に示したのである。

第19章　満足した豚と不満足なソクラテス

済州島の黒豚と「豚の都」パリ

私の両親は、朝鮮半島最南端の島、済州島《チェジュド》の生まれである。済州島は、古くから「三多」の島と呼ばれてきた。その三つの「多」とはまず、強く吹き寄せる季節風のため「風多」であり、次にその強風を防ぐために、韓国最高峰・漢拏山《ハルラサン》から噴き上げる火山岩で築いた家の周りの石垣によって「石多」であり、また名産のアワビ取りの海女のように、たくましい女たちが活躍する「女多」の島である。

「三多」のほかに済州島の隠れた名物は、黒豚である。子どもの頃オモニ（母）から、済州島で黒豚がどのように飼育されているのか、聞かされたことがある。電気も水道も通っていない時代の話だ。当時、村々の家の大便所には深い縦穴が掘られてあり、人糞が落ちる底には、側面から豚が自由に出入りできる構造になっていた。便所に家人がやって来て糞をたれると、豚がやってきて「ごちそう」の人糞を頬張るという仕組みである（実によくできた需要と供給の自然のバランスではありませんか！）。済州島には、人糞を腹いっぱい食らって「満足する豚」がいた。

豚といえば、花の都パリは、その昔、豚の都であった。豚肉は中世の人びとの主要なタンパク源であり、十二世紀のパリでは、市内のおよそ半数の世帯が豚を飼育していた。ある者は自宅に豚小屋をしつらえ、またある者は、街中で豚を放し飼いにしていたという。そのころのパリには上下水道の設備はなく、汚物や生ゴミは全部通りに投げ出されるか、河川に捨てられた。往来に放出されたゴミの山と、それらをきれいに平らげる清掃人ならぬ清掃「豚」たち。こうして太って「満足した豚」は、やがてご馳走として食卓に並べられ、人びとの食欲を満たすことになる。

一一三一年十月のある日のパリの街、ルイ七世の長男のフィリップ王子の乗った馬に、突然現われ出た豚がぶつかった。馬は転倒し、はずみで路上に叩きつけられた王子は意識不明に陥り、翌朝、息を引き取った。この事件をきっかけに、パリ市内で豚を飼うことは禁止された。それ以降、豚は郊外で飼育されるようになり、養豚業がはやる。このようにして豚の商品化がはじまったという。有史以来、人類が最も多く食してきた動物は、おそらく豚ではあるまいか。いつの世にも、肥えた豚を食べて「満足する人間」がいる。

満足と幸福の追求

満足した豚であるより、不満足な人間であるほうがよく、満足した馬鹿であるより不満足なソクラテスであるほうがよい。（J・S・ミル『功利主義』伊原吉之助訳）

今ではもうすっかり世間に知れ渡ったミルの金言。私がミルのこの格言をはじめて耳にしたのは、確か高校時代、倫理の教科書だったと思う。その時の私はミルの格言に心を引かれながらも、深く考えもせず、意味をよくつかめないまま心の片隅にしまい込んでしまった。あれからずいぶん経ったが、今いちどミルのことばを噛みしめたいと思う。

ミルは『功利主義』で、ギリシャの哲人たちに触れ、自説を開陳している。

はるか昔、古代ギリシャの哲人エピクロスは、快楽こそが善であり人生の最高の目標と唱えたため、「豚向きの学説」と揶揄された（後代、始祖にちなんでエピクロス派、エピキュリアン、「快楽主義者」と呼ばれる）。エピクロスのいう〝快楽〟とは、つましく生きるに足りるほどの欲望が満たされ、苦痛や死の恐怖から解放され、魂の平安をえることにあった。

これに対して、徳を善とみなすストア派をはじめ反エピクロス派の人びとは、エピクロス派の哲人たちを侮蔑して、豚になぞらえ論難した。だがエピクロス派の人びとも、じっと手をこまねいていたわけではない。反エピクロス派の者たちよ、あなたがたこそ、人間は豚と同じく、肉体的快楽しか味わえないものとみなしているのではないか。もし、人間と豚との快楽の起源がまったく同じものというならば、人間にとっての善もまた、豚にとっても十分に善となろう。しかし、そんな馬鹿なことはない。豚の快楽、肉体的快楽でもって、どんなにしても人間の幸福の観念を満足させるはずがないからである。人間には動物的な欲望を凌駕する高い能力として、精神的快楽を満たす能力が具わっている。ミルは、人間は精神的快楽、すなわち心の満足をえてこそ「幸福」になるという。豚は満足することしか知らない。が、人間は満足と幸福の二つを知っている。

豚は満足でこと足りるが、「不満足な人間」は幸福を求める。では「不満足なソクラテス」は何を願うか。

「私（ソクラテス）以上の賢者は一人もいない」という神託を聞いたソクラテスは、さまざまな知恵者を訪ねて議論する。多くの人びとは何も知らないのに知ったかぶりをするが、少なくとも自分は知らぬことを知っているふりをしない、自分の無知を知っている。このことを「無知の知」という。ダイモニオン（超自然的な声）を聞いた老哲人ソクラテスは、青年たちと対話しながら、智を愛し自己の魂を気遣えと説いた（哲学philosophyの原義は「知恵sophia」を「愛するphilein」ことで、philosophyを「愛智」という人もいる）。

ソクラテスの影響力を恐れた支配者たちは、国家の定めた神を否定し、青年たちをかどわかした罪で、彼を投獄し死刑判決を下す。獄中のソクラテスを訪ねた老友クリトンは逃亡を勧めるが、ソクラテスは拒否する。ソクラテスは、老友クリトンに語りかける。

一番大切なことは単に生きることではなくて、善く生きることである……善く生きることと、美しく生きることと、正しく生きることとは同じだ。（プラトン『ソクラテスの弁明・クリトン』久保勉訳、岩波文庫）

「不満足なソクラテス」が求めた幸福とは、智を愛し、おのれの魂の世話をして、善く生きることである。

「最大幸福の原理」としての「功利」

人間は満足、つまり肉体的快楽とともに幸福、すなわち精神的快楽を切望する。人間の幸福とは、精神的快楽の満足である。ミルはこれを「最大幸福の原理」、すなわち「功利」と呼び、道徳的行為の基礎とみなした。

ミルの「最大幸福の原理」は、快楽説によっている。快は善く、苦は悪である。快楽を増やし、逆に苦痛を減らすような行為が正しいのだ。

ところで、魂のやすらかな状態を探し求めたエピクロスの説が、今日でも侮蔑の意味を込めて快楽主義と呼ばれるように、功利主義に対しても、多くの非難や誤解がある（ミル自身、『功利主義』でそう語っている）。たとえば、「功利」をいちばん下品な快楽、すなわち肉感的快楽とみなす誤解や、功利主義者は実利のみ追求するというふうに歪めて受けとられる。

しかしそれらは誤解である。快楽を善としたエピクロスからベンサムに至るまで、「功利」は苦痛の回避を含む「精神的快楽」を意味した。功利主義にとっては、快楽そして苦痛の不在が唯一の望ましい人生の目的である。何よりも人間的快楽とは、「高い能力」に支えられた「精神的快楽」なのである。

ミルは、「精神的快楽」を人間の幸福の本質であると考え、これを「尊厳の感覚」とも呼ぶ。ミルのいう「尊厳の感覚」とは、「自由と個人の自主性への熱望である」。それは人間ならば誰もがもっている感覚で、人間の幸福の本質的部分をなす。というのは「個性の自由な発展が幸福のもっとも本質的な要素の一つである」からだ。個人の自発性は、それ自体が尊重すべき価値である。もし自分自身に対する義務というようなものがあるとすれば、それは自尊あるいは自己発展よりほかにない、というのがミルの考えである。

市民的自由とは

イギリスのリベラリズムの伝統の底流にあるのは、個人には絶対的な自由の領域が存在するという確信である。ロックは『寛容論』で「信教の自由」を説き、ミルは自発性にもとづく個人の自由の領域の存在を主張した（これこそが後の代の「内心の自由」、「思想の自由」へとつながる）。

ミルは、人は自分自身に関する事柄について、自発性にもとづいて自由に活動する権利があると考える。「個人の趣味や一身上に関する事柄には、社会は干渉する権利はない」。他人や外部から絶対に干渉し得ない、自発性にもとづく個人の一身上の自由の領域、それはたとえ国家権力といえども、むやみに介入したり干渉したりできない個人の固有の領域であり、〈私〉が他人に干渉しないのは、自身の自由と同じく他者の自由を尊重するからである。

では、なにゆえに社会は個人に対して、強制や統制を加えることができるのか。いかにして個人の自発性と、社会的統制との緊張関係を調整しうるのか。

この問いに対して、ミルはつぎのように答える。「文明社会の成員に対し、彼の意志に反して、正当に権力を行使しうる唯一の目的は、他人に対する危害の防止である」。これが「他者危害の原理」とよばれるものだ。「他者危害の原理」とは、簡単にいえば、他人に迷惑をかけたり危害を加えたりしないかぎり、個人は何をしてもいい自由がある、という思想である。

ミルは「他者危害の原理」のうえに、人間に固有な三つの自由領域を主張する。第一に、良心の自由。ミルはこれを、思想と感情の自由、意見を表明し出版する自由といっている。第二に、嗜好の自由と職業選択の自由。第三に、団結（結合）の自由である。これらは、現在の市民社会の自由の中心的な概念として、すっかり定着している。

三つの市民的自由の中で、ミルが最重要視するのが、良心の自由、つまり今でいう「思想と言論の自由」だ。ミルの確信は、自由な市民社会を実現するためには、「思想と言論の自由」は欠かせないものであるということだ。市民がいかなる思想を信じる権利も、自由な意見を表明する権利も、たとえ市民自身であれ政府によってであれ、誰も制限・統制する権利をもたない。「人類がその一人を沈黙させるのが不当であるのは、その一人が力をもっていて人類を沈黙させるのが不当なのとまったく同様である」（ミル『自由論』）。

第20章　少数意見の必要　ミルの『自由論』

『九十九年の愛——ジャパニーズアメリカンズ』

二〇一一年末、MBSテレビで二夜連続、八時間にわたって一挙放映された『九十九年の愛——ジャパニーズアメリカンズ』(橋田寿賀子脚本)を観た。東京国際ドラマ賞二〇一一のグランプリを受賞した名作である。九十九年前にアメリカへ渡ったある日系米人・平松長吉(中井貴一)と、息子一郎(草彅剛)の家族の一代記である。

ここに描かれたのはまぎれもなく、戦争の時代にあって「不条理な苦痛」、すなわち差別や偏見をこうむり、不当な扱いを受けて逆境や受難を強いられながらも、家族や仲間たちの愛によって乗り越え生き抜いた日系米人たちの姿である。

ドラマを観終えた私は、日系米人たちの生きざまに、今一度深く心を揺さぶられた。魂が震えるような共感、その思いに駆られ、久しぶりに本棚から一篇のビデオを抜き出した。"Something Strong Within"(A film by Robert A. Nakamura)と題する、四十分のドキュメンタリーである。

『内なる意思の強さ』とでも訳せばよかろうか。強制収容所に収容された日系米人たちの暮らしぶりを、淡々と描いた記録映画である。

全米日系人博物館

二十年前の年末、私は家族と一緒にアメリカ西海岸を旅行した。旅の終わりの日に、ロサンゼルスにある全米日系人博物館を訪れた。大戦中の日系人強制収容所の記念館である。リトル東京の中にある、煉瓦建ての瀟洒《しょうしゃ》な二階建てのビルである。一階が受付で、展示室は二階にある。車道をはさんで博物館の向かい側にある広場には、収容所のバラック棟が、当時そのままの姿で再現されている。

博物館の中に入ると、真っ先に目に飛び込んでくるものは、幾重にも積み重ねられたトランクの山である。身の回りのものだけを詰め込んで、駆り立てられるようにして収容所に向かわされたのであろう。山積みにされたトランクは、日系米人たちの無念と道中の困難を、無言で語りかけるように迫ってくる。

展示室の壁には、収容された夥《おびただ》しい数の日系米人たちの顔写真とプロフィールが、手紙と一緒に飾られている。人生で一番楽しく美しい頃の姿を選んだのだろう。みなの表情が明るく輝いている。

日本軍による真珠湾奇襲の後、ＦＢＩは地域のリーダー、僧侶、日本語教師など千八百名の日系米人を「危険な外国人」として逮捕した。日米開戦の二カ月後、一九四二年二月十九日にルーズベルト大統領が決定した日系米人の強制収容措置によって、十一万人の日系米人が「適性国人」として、全米各地にある十カ所の強制収容所に送られた。

マンザナー強制収容所での生活

博物館の展示室のフロアー全面に、全米にあった十の強制収容所のミニチュア模型が置かれている。その中のひとつ、マンザナー強制収容所は、海抜四四一八メートルの、ホイットニー山の麓の荒れ地に設けられた（カリフォルニア州シアトル郊外の砂漠地帯に造られた広大な日系人収容所である）。冒頭の『九十九年の愛——ジャパニーズアメリカンズ』の主人公・平松一家が過ごしたのが、このマンザナー強制収容所である。荒涼とした寒冷地に投げ出された日系米人たちの生活は、過酷なものであったにちがいない。しかし、勤勉で忍耐強い彼らは、収容所周辺の砂漠を、やがては緑の大地に変えてしまう。

展示室のスクリーンには、「鉄条網の町」の暮らしぶりが、ビデオで映し出されていた（先に紹介したビデオ“Something Strong Within”である）。声なき顔の誰もが笑っている。つらい収容所生活を楽しく過ごすために収容者たちは、「ベースボールチームの構成」、「植木や花を植えさせよ」、「犬や猫をキャンプに入れさせよ」、「外出の自由を与えよ」などの要求を当局に出した。生活を改善するために、自治共同体が結成された。野球チームができ、バスケットボール大会が開かれ、病院や学校、教会が建てられ、美容院もできた。やがて「鉄条網の中の日系人の町」が生まれた。

明るく楽しく日々を過ごそうと努力している人びとの姿を目の当たりにして、私は感動した。不当な取り扱いを受け、差別され虐げられた者への同情ではなく、不条理な苦痛のなかにあってもよりよく生きようと努力する「内なる意思」、すなわち魂の営みに、心が震え、共感したのである。

全米日系人博物館が建設されたのが、一九九二年のことである。戦後、四十七年も経って、なぜメモリアムを建立したのだろうか。全米日系人市民協会は、一九七八年の大会で、収容された人々への補償運動を決定した。十年後に成立した「公民自由法」によって、アメリカ政府の補償を勝ち取った。強制収容された日系人は、一人につき二万ドルの補償金と、政府からの公式謝罪文を受け取った。謝罪文の冒頭には、「お金や言葉だけでは、失われた歳月は償えないし、辛い記憶を消し去ることはできない」と書かれている。

歴史の進歩の基準

もし、人間の歴史に進歩というものがあるとしたら、受難の日系米人たちの生きざまと闘いによって、歴史は一歩、前進したのだと思う。

哲学者の市井三郎は『歴史の進歩とはなにか』（岩波新書）で、「不条理な苦痛を減らさねばならない」という理念を提案している。不条理な苦痛とは、「各人が、自分の責任を問われる必要のないことから負わされる苦痛」をいう。歴史の進歩の基準は、人びとがこうむっている不条理な苦痛が、どれだけ軽減されるかにある。

日系米人たちは、自らがこうむった不当な扱いにめげず、「不条理な苦痛」をはね返した。まさにこの意味で、日系米人たちの生きざまと闘いは、人間の歴史に進歩の足跡を印したと思う。

ミルの主張

前章で私は、ミルの「思想と言論の自由」を紹介した。興味深いことに、ミルは市民社会において「思想と言論の自由」が求められる「明白な根拠」として、つぎの三つを挙げている。

第一に、抑圧された意見こそが正しいものかもしれない。〈私〉が絶対的に正しいと思いこんでいるときには、反対意見やまちがっていると思われる意見に耳を傾けないものだ。ミルは、討論を否定して相手を沈黙させるのは、自分には過ちはなく正しいと思い込んでいるからだ、という。被抑圧者や異端とされた者、つまりマイノリティに沈黙を強いることによって、彼らの意見が公平に十分に討論されないだけではない。沈黙を強いた側、すなわち多数派としての〈私〉の精神もまた、麻痺し萎縮するのである。

第二に、反対や異なる意見にぶつかってこそ議論は活性化し、「真実の意見」がもたらされる。いかなる意見も、「十分に、しばしば、そして恐れることなく討論される」ことによって、「正当な主張」となりうる。そうでなければ、「正しい」意見も、「生きた真理ではなく、死んだドグマとして信奉されるだけ」である。意見の相違、とりわけ道徳、宗教、政治、社会関係、生活上の問題において価値観の違いを反映する対立の場合、多数派の議論は、反対意見や異なる意見にとっての有利な状況を、排除することからなっている。「自分自身の側の意見しか知らない人は、それについてはほとんど何も知ってはいないである」。意見が「真実の意見」となるためには、「遭遇して処理しなければならぬ反論のすべての力を感じなければならない」のだ。反対派を恐れてはいけない。むしろ「われわれは彼らにそれを感謝し、心を開いて彼らの言うことを聴こうではないか」。

第三に、反対意見があることによって、真理を分かち合うことができる。

「対立」の和解のためには、不当に抑圧された人びとの意見をまず尊重し、承認しなければならない。なぜならば、そうした少数の人びとの意見の中にこそ、反対派や少数派を不当に取り扱わなくてもすむように、「福祉」を前進させることができる可能性が秘められているからだ。

ミルのいう「思想と言論の自由」の三つの根拠のうち、もっとも強調されているのは、十分な討議には反対意見や少数意見が存在しなければならないということだ（傍点は筆者）。反対意見の存在は、ときにありうることではなく、「真実の意見」に到達するための、不可欠の論理的前提条件である。だから、「もし反対者がいなければ、反対者を想定し」てでも、すべての重要な問題を議論しなければならない、とまでミルは断言する。

私が思うに、戦時中に自らがこうむった不当な扱いに打ち克ち、「不条理な苦痛」に異議申し立てをして勝利を勝ち取った日系米人たちの闘いによって、まちがいなくアメリカ社会の人権は尊重され、民主主義は前進した。

人権と民主主義の尊重には、近道はない。たとえ遠回りになろうとも、「思想と言論の自由」のためには、抑圧されている少数者（マイノリティ）の意見こそを尊重せよというミルの主張は、人権と民主主義の核心をなすものである。

第21章　マルクスの人権批判

ローテンブルクの中世刑事博物館

厳しい寒さがつづく頃、冷え切った冬の日に思い出すのが、南ドイツのロマンチック街道沿いの観光名所、ローテンブルクの街である。イギリスの大学院に留学していたころ、私は友人と連れだって、人口一万人弱、全長三・五キロメートルの城壁で周囲を囲まれた、この小さな古城都市を訪れた。「中世の宝石箱」と称されるローテンブルクの美しい家並みは、往年の面影を偲ばせて、見る者を懐かしい気持ちにさせる。が、可憐な町並みと打って変わって、その歴史は血にまみれている。

クリスマスイブの深夜、私たち観光客は中世の黒マント姿のガイドの案内で、雪の降りしきる中、凍えるような寒さに包まれた城下町をひとしきり巡った。そして、街の歴史を淡々と語るガイドの話に、衝撃を受けた。十七世紀の宗教戦争のときには、殺戮によって街の人口は三分の一になり、元の人口に戻るまで百数十年を要したという。

私は、念願のローテンブルクの中世刑事博物館を訪ねる機会を、心待ちにしていた。ここは、ヨーロッパにある唯一の刑法学博物館である。私は刑法や刑事訴訟法は門外漢であるが、青年期の十数年間携わった韓国政治犯救援運動の活動家としての経験から、獄中の囚人に関する事柄になると、自然に心が動くのである。

中世刑事博物館にはその名の通り、ヨーロッパ中世千年余の諸々の刑罰の様子、すなわち刑事訴訟のなされ方や種々の拷問器具、身体刑の用具などが展示されている。このとき博物館で購入した『ローテンブルク中世博物館――案内用写真集』には、数々の拷問道具や処刑の様子が、カラーの絵図で表わされている。恐ろしい処刑用具や、それらを使ったあまりにも酷い処刑シーンがつづく。その様子は、この時代の人びとのいのちが、いかに粗末に扱われたかを示している。

中世博物館の『案内用写真集』のなかで、私の目は一枚の絵に釘付けになった。「或るユダヤの男が禁断の聖杯と聖書を自分の物とした」ために、絞首台で吊し首となる場面である。「ラント法」による裁きとある。十三世紀初頭に成立したと見られるラント法は、身体刑、つまり犯罪者への拷問による刑罰を定めたものである。

では、いったいなにゆえに、「聖杯と聖書」を所有しただけで、「ユダヤの男」は死刑に処されなければならなかったのか。そこには、中世のユダヤ人のおかれた過酷な運命と、悲惨な歴史がある。

迫害されるユダヤ人

阿部謹也の著した『中世の窓から』（朝日新聞社）の一節、「時代のはざまで——ユダヤ人」には、ドイツにおけるユダヤ人の暮らしぶりや受難のさまが、簡潔にして詳しく描かれている。以下、阿部の描く、ローテンブルクとドイツにおけるユダヤ人の苦難と生活を、ざっと見てみよう。

——まず、ローテンブルクにおけるユダヤ人の迫害・虐殺事件について。時は一二九八年、あるユダヤ人が聖餐のパン（聖体）をすり鉢でつぶした、するとパンから血が流れ落ちたという噂が広まった。噂を耳にして怒った街の人びとが、ユダヤ人の老人や若者たちに改宗を迫って、ひどい暴行を加えた。また、近くの町のシナゴーグ（ユダヤ教会）に逃げ込んだユダヤ人たちが、焼き殺された。ニュルンベルクに逃げたユダヤ人たちは、いったんは市などに保護されたが、押しかけた群衆の要求に抗しきれず、ユダヤ人は追放された。こうした騒動は十四世紀初頭までつづき、約十万人のユダヤ人が殺された。

ヨーロッパでのユダヤ人迫害が始まったのは、十一世紀末からである。それ以前、ユダヤ人は農村から町に移住し、さまざまな職業に就いていたが、十一世紀になると、ユダヤ人の職業はもっぱら金貸し業になる。異教徒でしかも金融業のユダヤ人は、キリスト教徒から目の敵にされた。ヨーロッパの各都市で、ユダヤ人の定住地が生まれると、彼らに対する迫害がはじまった。ある町ではユダヤ人は、「立ち去るか、改宗するか、死ぬか」から、一つを選ぶよう迫られた。

十一世紀末にライン川流域の都市で、十字軍による大規模なユダヤ人襲撃事件が起こった。シナゴーグのユダヤ人が襲われ、多数の死者が出た。ユダヤ人襲撃の先頭に立ったのは、十字軍に馳せ参じた民衆である。彼らは、キリスト教への洗礼を拒むユダヤ人を殺せば、自分の罪がゆるされると、素朴に信じていた。

十二世紀になると、ユダヤ人が聖餐のパンを汚したとか、泉に毒を流したという噂が広がって、ユダヤ人が虐殺される。このころ、一二一五年の第四回ラテラン公会議で、「化体説」、すなわち聖餐のパンと葡萄酒がキリストの肉と血に変わるという説が承認された。同時に、この会議で、利子をとることが禁じられた。中世最大の神学者トマス・アクィナスは、利子をとることを存在しないものを売ることとみなし、不正義とした。これが教会の正式な見解となった。異教徒で、神の教えに反する金貸し業を営み、しかも臭いユダヤ人！　まさにユダヤ人は、糞と金にまみれた輩である。こうしたことが、ユダヤ人の迫害と虐殺へとつながった。——

ローテンブルク中世博物館の『案内用写真集』に描かれた、「絞首台で吊し首」にされた「或るユダヤの男」も、無数のユダヤ人受難者の一人だったのである。

マルクスの『ユダヤ人問題によせて』

「ドイツのユダヤ人は解放を渇望している」。これは、マルクス（一八一八―一八八三）の『ユダヤ人問題によせて』の書き出しの一文である。自らもユダヤ系ドイツ人である青年マルクスの、弱冠二十歳代のときの著作である。ユダヤ人が真に人間的に解放されるとはどういうことか、そしてそれはどのようにして可能か、を説いた。この問いは、マルクスが生涯をかけて格闘するテーマとなった。

ユダヤ人の真の人間的解放のために、マルクスが批判するのが、バウアーの『ユダヤ人問題』だ。それは、ヘーゲル学徒時代のマルクスの兄弟子、ブルーノ・バウアーとの問答という形で展開される。

まず、マルクスは、ユダヤ人の政治的解放を主張するバウアーを批判する。ドイツのユダヤ人は解放を渇望している。どのような解放を渇望しているのか？　公民（人格としての個人）としての解放であり、政治的な解放である。

バウアー　君たちが自分たちだけのために、何か特別な解放を要求しているのであれば、君たちユダヤ人は利己主義である。国家がキリスト教的であり、ユダヤ人がユダヤ教的であるかぎり、両者ともに、解放を与える能力も解放を受け取る能力もない。人びとが公民として解放されるには、ユダヤ人はユダヤ教を廃棄しなければならない。つまり、一般に人間が宗教を廃棄することを要求している。

マルクス　バウアー、あなたの誤りは、政治的解放と人間的解放とを混同していることだ。政治的解放そのものの批判こそが、はじめてユダヤ人問題の最終的批判となるのだ。

マルクスは、「ユダヤ人はユダヤ教を廃棄し、すべての人間は宗教を廃棄せよ」というバウアーのいう政治的解放とは名ばかりで、人間の解放とはほど遠いという。

政治的解放を実現するために「すべての人間は宗教を廃棄せよ」というバウアーの主張はまち

がっている。なぜならば、政治的解放、すなわち、市民社会の人々が人格としての個人（公民）になるのに、いちいち自分の信じる宗教をやめる必要はないからだ。事態は逆である。むしろどんな宗教を信じていようとも公民になれる。実際、フランスの「人および市民の権利宣言」（一七八九）は、信仰の自由、思想や意見表明の自由を謳っている。個人の「信仰の特権は一般的な人権」として、政治的解放に含まれるのだ。宗教と訣別しなくても政治的には解放されるのだから、「政治的解放は、人間的解放ではない」。

マルクスは『ヘーゲル法哲学批判序説』のなかで、「宗教は阿片である」と書いた（阿片といっても麻薬ではなく、苦しみを和らげる薬のことだ）。だから、宗教の自由を認める政治的解放は、人間の解放とは異なるものだという。

さらに、マルクスの批判の矛先は、フランス革命の「人および市民の権利宣言」に向けられる。マルクスは、そもそも革命がもたらした市民社会は、虚構の上に築かれたものだと論難する。市民や人権の普遍性は、絵空事でフィクションの産物だというのである。第一の虚構は、すべての人びとは自然状態にあること、第二は、自然状態のすべての人びとは自然権をもっている、第三は、自然状態にある人びとは互いに孤立して生きている、第四は、自然状態のあらゆる人びとは互いに利己的な人間として振る舞う。これらは全部、フィクションにすぎない。こうしたフィクションは、ホッブズのいう自然状態、すなわち万民による戦争状態の産物であって、自分（マルクス）の考える社会的存在としての人間の本質とは相容れない代物である。

なるほど確かにフランス革命によって古い社会（封建制）は解体され、市民社会がもたらされ、人びとは政治的に解放された。しかしその結果現われたのは「利己的人間」であった。

フランス革命は人々を政治的に解放したというが、その内実は次のようなものだ。「人間は宗教から解放されたのではなく、宗教の自由を得たのである。人間は所有から解放されたのではない。所有の自由を得たのである。人間は営業（経済活動）の利己主義から解放されたのではなく、営業の自由を得たのである」。

このように、市民社会は一方で、人々は「公民」として平等だと高らかに宣言するが、現実に産み出されたのは利己的な人間ではないか。さらに、市民社会のいう「自由」とは、人と人との「分離の権利」であり、私的所有という美名の下での、「利己の権利」ではないだろうか。さらには、市民社会の安全とは、市民社会の利己主義の保障にほかならない。要するに、政治的解放が完成した姿は、なんのことはない、利己的でバラバラの個人を生みだし、利己的権利を奨励し保障する市民社会を作りだしたにすぎない、つまり市民の国家というのは幻想で、人権は幻想の国家を覆い隠す装置だというのである。

マルクスの目に映る、フランス革命が掲げた「人および市民の権利宣言」は一見、普遍的な人権や市民を讃えているが、その実、「利己的な人間」や「共同体から分離された個人」を称賛している。しかも市民社会は、諸個人に対し足かせとなって、人間本来の自立性をむしろ制限する。すなわち、革命がもたらす政治的解放と、人間的解放とはまったく別ものである。

むしろフランス革命は、人間を、利己的な個人（市民）と、人格としての個人（公民）に分裂させた。だから、この「分裂」から、人間の一体性を取り戻すことこそが課題である。そのためには政治的解放から、さらに人間的解放へと進まなければならない、とマルクスは主張した。

マルクスの唱える「人間的解放」とは、悩める人間が宗教を必要としなくなることであり、現実の利己的な人間が、公民としての公共性を担う人間を取り戻すことであり、それは個の人間でありながら、生活や労働といった諸関係のなかで、つぎに述べる「類的存在」になったときに達成される。

『経済学・哲学草稿』における「類的存在」

ちなみに、『ユダヤ人問題によせて』では、「類的存在」にはほんの少ししか言及されておらず、はっきりいってわかりにくい。類的存在の概念が全面展開されるのは、後の著作『経済学・哲学草稿』においてである。そこで描かれているのは、人間は本来、ただ生きるために他者を殺す動物とは違って、自由な意識的活動、すなわち労働によって他者に働きかける類的存在である。人間は個としては有限で利己的な存在であるが、類的存在としては、それぞれが普遍的で人類を代表するのだ、とマルクスは考える。

ところが、資本主義の市民社会では、労働が、単に生きるための手段となっている。それどころか、人は働けば働くほど貧しくなり、人間らしさを失ってしまう。その理由を、マルクスは「疎外」ということばで説明する。疎外とは、人間が自分の作りだしたものから、逆に支配され抑圧されてしまうことだ。人間を疎外する代表的なものに、たとえば神や国家、さらに貨幣（資本）などがある。貨幣についてマルクスは、次のように書いている。「貨幣は、人間から疎外されたものであり、この疎遠な存在（貨幣——筆者注）が人間を支配し、人間はそれを礼拝するのである」。

では、労働はどうか。自由な経済活動が認められている市民社会では、自分の身体以外に生きる手段をもたない労働者は、働くことによって自分自身を疎外するという。疎外された労働とは、労働者が働いて生みだしたものの大部分が資本家のものになり、本来、活き活きと生きるための労働が、ただ単に生きるための手段になりさがることだ。このように疎外された労働がもたらす「一つの帰結は、人間からの人間の疎外である」（『経済学・哲学草稿』藤野渉訳、国民文庫）

資本主義社会において、人々は労働によって人間らしさを奪われている、資本主義社会の人権や自由とは、なりふりかまわない私的所有や、労働者の隷属状態を正当化するものである、とマルクスは主張する。

それゆえ資本主義社会の解放とは、なによりも労働者を解放することである。この解放の中にこそ、一般的な人間的解放が含まれている。

ここでマルクスの批判した市民社会（資本主義社会）における人権や市民を、どのようにとらえるべきなのか。じっくり考えていくことにしよう。

第22章　市民のとらえ方

ハンナ・アレントの公共のテーブル

マルクスのユダヤ人批判

書物に向かっているとき、思考が堰《せ》き止められる言葉に遭遇することがある。そこに踏みとどまって、ふと考え込んでしまうような文言だ。

「市民社会はそれ自身の内臓から、たえずユダヤ人を生みだすのだ」。

マルクスの『ユダヤ人問題によせて』の一節である。相手を射貫くような一文には、自らもユダヤ系ドイツ人であるマルクスの、ユダヤ人とユダヤ教の本質を突きながらも、その矛先を自らにも差し向けたような、叫びにも似た言葉がほとばしる。

マルクスは『ユダヤ人問題によせて』で、まずバウアーの第一論文に対する批判を行なった（前章参照）。つづいて、バウアーの第二論文「現代のユダヤ人とキリスト教徒の自由になりうる能力」をやり玉に挙げている。

マルクスは、ユダヤ教とユダヤ人を指弾する。ざっと輪郭を追ってみよう。

「ユダヤ教の現世的基礎はなにか？　実際的な欲求、私利である。ユダヤ教の世俗的な祭祀は何か？　あくどい商売である。彼の世俗的な神は何か？　貨幣である」。ユダヤ教の利己主義と拝金主義こそが、市民社会の原理となった。市民社会において、ユダヤ教の原理である実際の欲求と利己心は、「貨幣」という名の神に姿を変えるのだ。金がすべてである。

政治は財力に優越すべきであるが、現実には政治は財力（大金持ちのユダヤ人たち）の奴隷となっている！　ユダヤ人にとっては手形が現実の神であり、国籍すなわち国家への帰属は金銭によって決まるのだ。こうして、ユダヤ教は市民社会の完成とともにその頂点に達する。今や「金がすべて」という「ユダヤ人の偏狭さ」は、ユダヤ人自身だけではなく、市民社会それ自体が、「金がすべて」という「ユダヤ的偏狭さ」によって覆い尽くされているのである。

こんなふうにマルクスはユダヤ教とユダヤ人を論難し、つぎのような言葉で結んでいる。「ユダヤ人の社会的解放は、ユダヤ教からの社会の解放である」。つまり、ユダヤ人が社会的に解放されるためには、社会がユダヤ教に示される「金儲け主義や利己主義」から解放されなければならない、というのだ。

マルクスにとっては、「金がすべて」の「利己的な」市民が、公民としての自己を取り戻すために進むべき道は、人びとが労働のなかで、自らを「類的存在」、すなわち社会的な力と感じ認められる社会生活を営むことである。そのとき、〈私〉は自己の利己性を払拭し、搾取や政治的抑圧のない理想社会をめざすことが求められる。マルクスにあっては、市民という利己的個人は、公民という人格的個人に高まらなければならない。

共同性の獲得

この点において、ヘーゲルはマルクスと主張を異にする。マルクスは私的所有を利己的権利として軽蔑するが、ヘーゲルは違う。ヘーゲルは、利己的個人（市民）と人格的個人（公民）とを分裂したものとは考えない。市民社会において人びとは、相互に独立した自由な意志をもつ個人、つまり人格をもつ存在として認め合い、かつ自己の欲望を自由に満たすことを承認しあう。すなわち所有権の承認である。市民社会の人びとにあっては、人格と所有権とは一体のものとして分かちがたく結びついている。

人格としての〈私〉は、自由な意志だけをもつという。つまり、人格としての〈私〉は、さしあたって自己意識だけが中身の、抽象的な存在である。だから、〈私〉にとっては他者や外部世界と関わりながら、〈私〉の中身を充足することがテーマとなる。〈私〉という個人が、現実の〈生〉を生きるうえで、他者や外部世界と関わりながら「共同性を獲得」することが大切なのである。つまり〈私〉という個人が、いかにして他者との共同性を獲得していくのか、が重要になる。

ヘーゲルが描く「個人が共同性を獲得する」プロセスは、決して互いの人格を認め合うといった、純粋道徳的な道筋ではない。むしろ、市民社会の原理は、個人の欲望を相互に承認するという形式をとる必要がある。それがとりもなおさず、所有権を認めるということである。所有権は、市民社会においてそれぞれの〈私〉が互いの自由を認め合って生きていくために、欠かせないものなのである。

ヘーゲルのイメージする市民社会は、個人の欲望や利己的本性を切り捨てるのではなく、むしろ対立しながらも相互の欲望を承認することによって、個人と個人とが共に生きるために、相互承認をとおして結びついていく社会である。人びとの共に生きようとする欲望が、自由や平等あるいは正義というモラルをもたらし、自分のために深く配慮すればするほど、他者や社会に役立つものとなる。人は他者や社会から切り離された孤立した存在ではなく、人びとと共に生きるという本質をもつことは、「公共性」を考えるうえで非常に重要である。

ハンナ・アレントの「世界疎外」

ユダヤ系ドイツ人のハンナ・アレントもまた、マルクスと同じく、近代市民社会に鋭い批判の目を向けた。アレントは近代を、「世界疎外」という言葉でとらえかえす。

アメリカ大陸の発見以降、地球全体が探検し尽くされ、宗教改革以後、禁欲主義的な節約精神は資本主義的蓄積を推し進め、また新しい科学の発展によって、世界は人間の手によって変革しうるものとなった。にもかかわらず、人間と世界との間に新たな「距離」ができた。世界の一部で富の蓄積が限りなく続く一方、世界各地で、家族と財産という二重の保護を奪われたおびただしい数の「労働貧民」が生まれる。これこそが、「世界疎外」である。アレントは「世界疎外」について、次のように述べている。

ヨーロッパで誕生した国民国家のシステムが衰退しつつあること、地球が経済的にグローバルになり、地理的にも縮まったこと、好不況が世界大の現象となっていること、地球の反対側の人と瞬時に会話できるほど「人類」は変貌したこと……。こうした発展によって、今や人類は、「最終段階の始まりに立っていることを示している」。最終段階とは、人類が国家を超えた社会を作り出し、地球全体が一つの領土になろうとする段階だ。しかし、人類が社会的にも地理的にも一つのものになろうとしているにもかかわらず、世界疎外の過程は激しく進む、とアレントはいう。

なぜなら、人びとは、自分の国の市民になるようには世界市民になることはできず、社会に住む人間は、家族に住む人間が私有財産を所有するようには集団的に所有することができないからである。社会が勃興したために、同時に公的領域と私的領域が衰退した。（『人間の条件』志水速雄訳、ちくま学芸文庫）

労働する人間にとって決定的なことは、「公的な共通世界」、つまり公共性が消滅し、労働者はただ生きるためだけに働き、自分自身を省みる余裕はなくなったということだ。後で述べるように、アレントは人々が公共的なものや共通のものをめぐって議論すること、すなわち「活動」にこそ、人間が生きる意味があるという。近代は、労働者から公共的な世界を奪い、彼らを経済的活動だけにしばりつけてしまうのだ。労働者は、自分が生みだした世界から疎外され、孤独な大衆になりさがる。

しかし、注意しなければならないことは、孤独は孤立とは違うことだ。

アレントは、市民社会において人びとは孤独であるが、孤立してはいないという。孤独とは、〈私〉は一人でいるのに、私の中の「ほかの誰」かとともにいることだ、とアレントはいう。孤独とは、〈私〉が私のなかのもう一人の「私」と対話していることだ。一人のうちで二人であることだ。しかしそれは、自己分裂ではない。〈私〉は常に自らと対話する。孤独な〈私〉は、自分に起こるすべてのことについて、「私は何を為すべきか」と問い、自分に決定を下す。いわば孤独な〈私〉は、思考し、自分と対話し、決断する。

アレントはこれを、「単独性」と呼ぶ。単独性、すなわち自己決断できる人間は、また「多数性」という本質をもつ。孤独な人間が他者と共に生きるうえでもつ本質、それが「多数性」である。「多数性」は、アレントの政治思想のキーワードなので、これを次に詳しく見てみよう。

「多数性」と「単独性」

アレントは、『人間の条件』で、人生を「活動的生活」ととらえ、基本的な人間の活動力として「労働（labor）」、「仕事（work）」、「活動（action）」の三つをあげている。

「労働（labor）」は生きるために自然環境に働きかけて、「もの」を生み出し消費することだ。人は生まれて成長し、食べて寝て、そして死ぬ。〈私〉は生きるために働かなければならない。つまり生命それ自体が、「労働」するように条件づけるのだ（アレントはこれを人間の条件と呼ぶ）。

「仕事（work）」は、理性でもって人間のために世界を造りかえることだ。仕事によって、自然環境とは異なる人工的世界がつくりだされる。たとえ人は死んでも、人工的な世界、たとえば自分の作った作品は永遠にこの世に残る。仕事によって、人は自分が生きてきた足跡を記すのだ。〈私〉は永遠に存続する世界（アレントは「世界性」と呼ぶ）の中で、「仕事」をするように条件づけられている

「活動（action）」は、人と人との間で行なわれる政治生活のことである。「活動」は、「もの」や事柄を介在せずに、直接、人と人との間で行なわれる唯一の活動力であり、〈私〉は多数の人々と共に（多数性）「活動」するように条件づけられている。

　注意しなければならないことは、「多数性」をもつ人間は、人間という点で「同一」であり、しかも異なる生や個性をもつ存在であることだ。〈私〉はけっして国家や民族などの全体に埋没するのではなく、公的領域、つまり公的な世界としての市民社会において、個性を保持しながら他者と関係するのである。

公共のテーブル

　アレントは古代ローマに立ち戻って、「多数性」の意味を探ろうとする。かつてローマ人たちにとって、「生きる」ことは「人びとの間にある（inter hominess esse）」ことを指した。また、「死ぬ」ことは「人びとの間にあることを止める」ことである。言いかえれば、人間の「活動」の条件である多数性とは、人びとが「共に生きる」ことにほかならない。ところで、「間にある（inter-esse）」は、多数の人びとにとっての「共通の関心事（interest）」の語源である。つまり

「共に生きる」ことは、つねに「共通の関心事」をめぐって人々が自分の考えを述べ、議論し、判断し、決定し、行動することである。

アレントによれば、人びとの「共通の関心事」は「公的（public）」なものにほかならず、「公的」なものとは、世界そのものを意味する。それは自然や地球のことではなく、「共生する人びとの間で進行する」世界のことである。アレントは、公的な世界を「共生するテーブル」になぞらえる（竹田青嗣はこれを「公共のテーブル」という）。

世界の中に共生するというのは、本質的には、ちょうど、テーブルがその周りに座っている人びとの真ん中《ビトウィーン》に位置しているように、事物の世界がそれを共有している人びとの真ん中《ビトウィーン》にあるということを意味する。（『人間の条件』志水速雄訳、ちくま学芸文庫）

競技精神

注意を要するのは、アレントが、近代の市民社会について「人びとの介在者であるべき世界が、人びとを結集させる力を失い、人びとを関係させると同時に分離するその力を失っている」（同右）と見ていることだ。多様な欲望と個性を持つ個人が共生するためには、公的な世界（＝公共のテーブル）が、人びとを相互に結びつけるだけでなく、互いに分離しなければならない。

一見、奇妙に思える語り口であるが、この点は、マルクスが、市民社会は人間を分裂させ人びとを分離させる、と非難したのとは対照的なのである。アレントのいう分離した個人とは、ギリシャの都市国家（ポリス）における「激しい競技精神（a fiercely agonal spirit、アゴーン的精神）」、すなわち「他人と競って自己を示そうとする熱情的な衝動」としての「競技精神」で満たされた人間である。

なぜ、競技精神が必要なのか。それは、アレントの近代社会の評価と関連する。近代社会の平等主義、すなわち人格としての平等な個人というあり方は、現実には画一主義に陥っている。しかし、古代ギリシャのポリスでは、市民たちは公的な領域としての市民社会において、常に自分と他人を区別し、ユニークな活動や仕事をとおして、自分が最良の人間であることを示さなければならなかった。同じように、現代の市民社会において〈私〉は、他人と取り換えることのできない真実の自分を示すために、競技精神でもって生きていかねばならない。アレントはこのように考える。

以上見てきたように、アレントのキーワードである単一性、多数性、公的領域、競技精神をたぐり寄せて、アレント的な市民社会のイメージをまとめてみよう。

他者と「同一」でありながら異なる個性をもつ〈私〉は、互いに個性の違いを認め合いながら、公共のテーブルにおいて、共通の関心事についてつねに自分自身の意見を持ち、発言し決断する。市民社会とは、能力や出自などさまざまな面で不平等であり、アイデンティティや価値観の異なった人間同士が、競争をとおして自由で豊かに生きることができる社会である。

人びとが競技精神をもって議論し渡りあう、公的な世界としての市民社会、アレントのいう市民社会はこのように映るのである。

第23章　二つの利他主義

アマルティア・センの社会的コミットメント

チスイコウモリの利他的行動

黄昏《たそがれ》時、夕空に翼を激しく羽ばたかせ、舞うようにして飛ぶ蝙蝠の群れを見ることがある。ある日、弱って地べたにへたり込んで、もがいている一匹の蝙蝠に遭遇した。近づいて顔を見ると、とんがり耳につぶらな瞳、なんと可愛らしい。アブラコウモリという種類らしい。

ところ変わって中南米に生息するチスイコウモリ。こっちの方は「チスイ（血吸い）」の名のごとく、夜になると牛馬など家畜の生き血を吸って生きている。皮膚に鋭い歯を立てられて血を吸われる牛や馬たちも、ただ黙って見過ごすわけではない。しきりに体を揺らしたり尻尾を振ったりして、チスイコウモリを振り落とそうとする。だから、吸血コウモリはいつも「ごちそう」にありつけるとは限らない。でも心配無用、すきっ腹のまま巣に戻ったチスイコウモリには、先に腹いっぱい「ご血」になった仲間のチスイコウモリが、自分の吸った血を吐き出して空腹の仲間に分け与えるという（獣医師石井万寿実による記事、「朝日新聞」二〇一二年三月二十九日）。

こうした行為を「利他的行動」という。利他的行動とは、自分の不利益や犠牲を甘受して、他者の利益や満足のために行動することである。大方の動物は自分の利益優先、つまり「利己的行動」が第一だ。

ではなぜ、チスイコウモリは利他的行動を取るのか。先の石井先生によれば、エサが不十分な環境にあって、食いっぱぐれた仲間に「お礼をしないコウモリは、群れから追い出されてしまうためだ」。こうした本能的行動の結果、利己主義のコウモリは淘汰され、「助け合いの精神を持っているものだけが生き残ったらしい」。

石井先生の説がほんとうならば、チスイコウモリの利他的行動には、他の仲間からの見返りを期待した、自己の「生き残り戦略」というべき欲望が潜んでいる。

二つの利他主義

社会生物学者のE・O・ウィルソンによれば、動物の中で極端な利他的行動に走るのは、下等な生物、たとえば蟻や蜂などの社会性昆虫である。多くの動物は利己的行動があたりまえ。しかし、哺乳類などの高等動物のうち、人間とチンパンジーには、はっきりと利他的行動が見られる。先のコウモリも哺乳類の仲間で、しかも哺乳類で唯一空を飛ぶ。

ウィルソンのアイデアの独創性は、利他主義を二つに分けた点にある。「芯の堅い利他主義」と「芯の柔らかい利他主義」。いわば、硬軟両面の二つの利他主義から人間社会を論じた。

「芯の堅い利他主義」とは、見返りや報酬を期待しない犠牲的行為である。本能や感情の命ずるまま、一切の打算や計算がないから非理性的で（理性には計算するという意味がある）、しかも一方的な行為（片務的行為）である。片務的な利他的行為は、近親者や親しい仲間に対して向けられる。たとえば、ミツバチやシロアリなどの社会性昆虫は、ひたすら女王や仲間のために働きつづけ、必要とあれば仲間を守るために命を賭して外敵と戦う。こうした昆虫の利他的行動は、「芯の堅い利他主義」のタイプである。

他方の「芯の柔らかい利他主義」は、基本的に利己的な行為である。〈私〉が他者に何かを施し支援するのは、それなりの報いや賞賛を期待するからだ。口では困っている他人のためといいながら、その実、自分の利益を考慮している。つまり、〈私〉と他者の双方が利益を得るのだ。その意味では、「芯の柔らかい利他主義」は、互恵的な行為である。こうして見ると、件《くだん》のチスイコウモリの利他的行動は、「芯の柔らかい利他主義」に分類されよう。

アマルティア・センの社会的コミットメント

さて、現代の人権の主張に目を向けよう。たとえば、人権教育では、自分より他者の人権を優先すべしと教える。国連や国際人権機関は、人権を義務とみなして「責任ある行動」を呼びかける。これらは利他的な人権の勧めといえる。その最大の思想家が、アマルティア・センである。

センの提案する「社会的コミットメント」の思想は、利他主義の理念にもとづく。彼のいうコミットメントとは、政治的あるいは社会的な事柄に関する道徳的な選択という意味である。

センによれば、これまでのさまざまな人権宣言は、倫理的な要求にほかならない。人権宣言は

「ある人の自由が、別のある人の自由によってどんな場合に制限されるのかを見極めることに関する倫理」なのである（セン「人権を定義づける理論」、『人間の安全保障』東郷えりか訳、集英社新書）。

センの考えでは、人権の倫理的な要求の核心は、不自由な状況におかれた人びとの自由の回復にある。そのためには、個人の自由を社会的コミットメントとして考えなければならない。センは、〈私〉の自由を、「何よりもまず他者への配慮と理念への顧慮」に差し向けよという。〈私〉の自由よりも、社会的・経済的、もしくは政治的に不自由を強いられている他者への配慮が優先するのだ。社会的コミットメントとは、〈私〉の自由よりも他者の自由の回復を優先せよ、という呼びかけである。〈人権〉を認めることは、すなわち、「〈人権〉を脅かされている人に適切な支援をほどこせる立場にいる人すべてに、真剣な考慮を求める」ことである。自由な〈私〉が「そのような行動を考慮するのは義務である」（同右）。

「芯の堅い利他主義」としての社会的コミットメント

人権を、倫理的な要求であり、他者への義務ととらえるセンの人権思想の根底には、「自己利益を追求する利己主義者という人間観」への強い疑義と批判がある。人は自らの行為を選択する際、いつも自己利益だけを追求するとは限らない。しばしば自己利益に反する行動を取りうる。センはこの点を、共感の原理とコミットメントの原理において検討する。

まず、共感の原理。同情や共感による行為は、一見他者のための自己犠牲に見えるが、その行為の底には、「自分のために」や自己利益が潜んでいる。それゆえ、同情や共感の原理は、「利己的アプローチ」、すなわち自己利益の追求をめざす行為である。センは、これらを利己主義として一蹴する（だから同情や共感は「芯の柔らかい利他主義」といえる）。

つぎにコミットメントの原理。コミットメントは、困っている他人や不幸に陥っている他者のことを、直接自分自身の不幸と感じるわけではないが、そうした事態は不正であるとみなす。自分の損や不利益を承知のうえで、他人のこうむった権利侵害や不正を糾《ただ》すために行動すること、言いかえれば自分の利害を一切考えずに行なう「非－利己的」アプローチである（つまりセンの社会的コミットメントは「芯の堅い利他主義」とみなせる）。

コミットメントにおいて自己と他者を媒介するのは、「不正を糾《ただ》す」、つまり正義や善という道徳的価値である。それは、自己の利益や感性とは離れた、いわば「第三の基準」である。コミットメントは、自分の感情や気持ちからもたらされるものではないし、自分の利益を求めるための行為でもない。それは誰にとっても正しいことだから、人間であるならば、当然なすべきことである。

社会的コミットメントの功罪

センによれば、社会的コミットメントがめざすのは、「個人の自由をより正義にかなったやり方で分配する」ことだ。人は、目の前の困っている他人を見捨ててはおけず、なにができるかを考えてしまう。実際、世の中には、不幸や困難な状況に苦しむ他人を放っておけず、喜んで手を差し出す人がいるのだ。こうした行為を、人間として当然の義務であると考える人びとにとって、センの社会的コミットメントの思想は、己れの思いや信念の正当性を確信し、自分の行ないを鼓舞する根拠になる。

さらに、個人の手にあまるような深刻な場合は、第三者、すなわち国家やNGOのようなさまざまな機関の力に頼らなければならない。警察官であれ消防士であれ、あるいは社会的なボランティア活動家であれ、他者の自由の回復を任務とする人びとにとって、センの社会的コミットメントの思想は、理論的な礎となって大きな力を発揮するといえる。

しかし、はたして〈私〉は、困っている不自由な他者を前にしたら、いつでも「自己への配慮よりも見知らぬ他者への配慮を先に」考え、行動できるだろうか。いっさいの感情や利害を度外視して、ひたすら正義の観点に立って行為できるだろうか。センの社会的コミットメントの思想は、こうした疑問を拭いえないのである。

この点について、私の考えをいうならば、自己中心性やエゴイズムを超えるために、「他者を優先すべし」とか、利他主義などの理念を持ち出すのは、個人の行動原理として普遍妥当性をもちえない。むしろ、「べし」という義務や当為の道徳的規範を掲げて、人びとを従わそうとする理念主義に陥りかねない。しかし、大方の人々は面と向かって反対しなくても、内心では従わないのである。己の欲望や自己への配慮を先にする一般の人びとにとって、利他主義から出発する社会的コミットメントの思想は、できそうもないかけ声に聞こえるのである。

私が思うには、困っている他者の救済や不自由からの回復のためになす行為を、他人からの要請や道徳としての義務としてではなく、自発的な行ないとして、言いかえれば、自身の内から湧き出る欲望としてとらえたい。私はこれを「欲望としての他者救済」と名づけた（拙著『欲望としての他者救済』、NHKブックス参照）。

欲望としての他者救済論とは、他者救済を人間の自然な感情や欲求の現われととらえるもので、それはつぎのような特徴をもつ。

第一に、それは、人間の内なる感性、たとえば同情であれ、共感であれ、あくまで自分の内的な感情にもとづく行為である。したがって、他者救済を義務や第三者からの命令にもとづく行為ではなく、自分自身の内なる意志にもとづいた自発的な行為ととらえる。

第二に、それは、自分を先にする立場、つまり自己中心性から出発する。自分の「内なる」感性や欲望、つまり「自分らしさ」にこだわることから始めてこそ、自分とともに他者の自由に目をやり、大切にすることができると思うのである。

第三に、それがめざすのは、「私」と他者の欲望の相互承認である。困っている他者に手を差し出すのは、〈私〉の欲望である。手を差しのべたいと思う〈私〉の欲望と、助けを待つ他者の欲望とが出会うのである。「欲望としての他者救済」が向かうのは、〈私〉と他者の欲望の相互承認である。他者救済を通して両者が出会い交わることによって、〈私〉と他者は共に生きていることを実感し、人生の意味を再認識するのである。

第24章　私の決断　ケイパビリティの思想

私はどう生きるのか

二〇一二年三月はじめに六十歳になった。還暦の朝、教え子から祝いのメールと、次男から健康飲料水のプレゼントをもらった。後日、東京に住む親友たちが、祝いの宴を開いてくれた。嬉しかった。

還暦を前にして私には、ひとつの気がかりがあった。五十九歳で膵臓癌で他界した亡き父の姿に自分を重ね、ひょっとしたら、自分も六十歳前に癌になるのではないか。そんな恐れにも似た感情に、ときおり私は囚われた。その思いは杞憂にすぎなかったが、私は五十九歳の一年間、ずいぶんと健康に気配りした。毎日、朝夕のヨガやストレッチを欠かさず、野菜中心の食事に切り替えた（その結果、例年の健康診断ではとくに悪い箇所は見あたらず、体重も減少するなどの成果を収めた）。

そうして迎えた還暦の日、私は父の分まで生きようと誓った。

六十歳を迎えた私は、私自身に問うた。「お前は、新しくもらった人生をどのように生きたいのか」。私は、私の「魂の世話」をよくして生きたいと考えた。魂の世話は、私の内なる声である。大げさに言えば、それを六十歳以降の生き方の核にしたいと思っている。

　魂の世話という考え方は、ギリシャの哲学者ソクラテスやプラトンに由来する。哲学者の西研さんは、魂の世話について次のように語っている。魂の世話とは、「自分にとって何が大切で、価値あるものかよくわかっている状態にしよう、ということだ。（中略）自分にとって大切なことがわかれば、そこに向かってまっすぐに進んでいける」（朝日新聞、二〇一二年四月七日朝刊）。また西さんは、魂の世話はわくわくさせるもの、心が充実して自分自身を高めようとするもの、つまりエロス性と切り離せないという。魂の世話とは、徳も含むが「自分をわくわくさせるものに気づくこと」でもある。

　だが、六十歳の私が自分の魂の世話をしようと思い立ったとき、若い頃、自分の魂の中の大切なものを「噛み殺した」ことに気づいた。青年期の私は、自分自身を含めた在日朝鮮人に対する差別から、自分の人間性を守るために、いわれない差別に負けない強い〈私〉を作ろうと考えた。それは、民族的なアイデンティティを確かめ、「朝鮮人として」生きようとすることであった。朝鮮人になりきろうとして、若い私は〈私〉の中の「日本人性」「日本的なるもの」、いわば日本的なアイデンティティを否定した。

　それればかりか、しばらくの間、日本人の親友たちとの関係を一切断ち切ったのである。そして金谷泰明《かなたにやすあき》という名を捨て、金泰明《キム・テミョン》という民族名だけで生きることにした。それ以来ずっと私は、日本人としての通名をタンスの中にしまいこんできた。最近まで、「金谷泰明」という名で呼ばれるのを、快く思わない自分がいた。

それは、当時の私を囲む状況のなかで必然の道でもあり、理もある選択であったと思う。とはいえ、そうすることによって、私は自分自身のなかの自然な感情や、培ってきた人びととの関係性、すなわちもうひとつの大切な魂を打ちのめし、踏みにじったのである（でも、高校時代の親友たちと偶然再会し、しんどいときや落ち込んだ時には、気がついたら彼らと会って、馬鹿話をして元気づけてもらうことをくり返してきた）。

二つの名前で生きる

そんなこともあって、六十歳を迎えた私は、自分の自然な感情や出会った人びととの関係を素直に受け入れ、大切にしていきたいと思うようになった。金谷泰明の名で過ごした暮らしも、金泰明を名乗って生きた人生も、ともに私の生に変わりはない。

そんな思いで六十歳をすぎた私は、「金泰明と金谷泰明」の二つの名前を記した名刺を、新たに作り直すことにした。ちょうど西研さんの記事が載った四月七日に、母校の大阪府立豊中高校の二十二期生還暦同窓会に参加した。同窓生の一人ひとりが演壇に立って挨拶をするなか、私の番が来た。私は恩師や学友に向かって、高三の秋の文化祭の時、自分が在日朝鮮人であり、本名は「金泰明《キム・テミョン》」であることをカミングアウトした、大学入学後、「金谷泰明」を棄て、以来ずっと金泰明で生きてきたが、六十歳を期に二つの名前を使うことにした、と自分の気持ちを率直に述べた。すると、期せずして会場から拍手が起こった。拍手をもらって私は、少し恥ずかしく思いながらも、初々しい青年のような気分になった。二つの名前で生きるのも悪くないと思った。「魂の世話」をよくして生きようとしたら、二つの名前が自分にとって大切なことに見えてきた。「金泰明と金谷泰明」という二つの名前で生きることは、自分の中にある在日韓国人と日本人という異なる二つのアイデンティティを、ともに認めて生きることだ。そうすることを選んだ今の私は、〈私〉の生き方の幅の広がりを感じる。それは、今の私にとって自然な、〈私〉サイズの生き方の幅である。私は、前にもまして自由になった気がする。ちょっとばかり、わくわくする自分がいる。

ケイパビリティの思想

生き方の幅に注目して、自由や、よい生・よい暮らしを構想する現代の哲学者が、アマルティア・センである。センは福祉の目的を、「よい生き方・よい暮らし」とみなして、「ケイパビリティ（capability、潜在能力）」と結びつける。ケイパビリティとは、生きるために必要なさまざまな能力をいう。とくに衣食住や社会生活へ参加できるなどの「基本的潜在能力（basic capabilities）」については、平等に分配すべきという。それがセンの提唱する「ケイパビリティ・アプローチ」である。ケイパビリティについて、センの説明にしばし耳を傾けてみよう。

人は誰しも「異なるかたちの生を追求する自由」がある。どのようなことに価値を見出すかは、人それぞれである。自分なりに価値を見出すようなさまざまな生き方や暮らしの質を選択する

「機能の組み合わせ」が、ケイパビリティ（潜在能力）と呼ばれる。

このとき、センは「異なるかたちの生を追求する自由」を、「福祉を追求する自由」と結びつけて考える。福祉（well-being）が目標とするのは、文字通り「よく生きる」ことである。言いかえれば、「よい生き方・よい暮らし」である。センは、財貨や快楽・欲望の充足とは違った観点から、「福祉」や「よい生き方・よい暮らし」をとらえ直すべしという。つまりセンは、「福祉」、すなわち「よい生き方・よい暮らし」を求める自由を、多様な潜在能力の視点から評価しようというのだ。それがとりもなおさず、「ケイパビリティ・アプローチ」なのである。

センによれば、「潜在能力」とは「「様々なタイプの生活を送る」という個人の自由を反映した機能のベクトルの集合」である（『不平等の再検討――潜在能力と自由』池本幸生他訳、岩波書店）。人がどのような生き方や暮らしに価値を見出すかはさまざまである。そして、人が自分にとって価値あるものをめざす「機能」という面でも、多様な組み合わせがありうる。

センのいう「機能」には、独特なニュアンスが込められている。「機能」は、「暮らしよさ（福祉）」に直結している。食生活や健康、教育の恩恵などさまざまな「機能」の総体によって、人びとの暮らしよさが表現される。「潜在能力」は、人が選び取ることのできる「機能」のすべての組み合わせである。たとえば、暮らしのなかの重要な「機能」として、「適切な栄養を得ているか」「健康であるか」「避けられる病気にかかっていないか」「早死にしていないか」などをあげ、さらに「幸福であるか」「自尊心をもっているか」「社会生活に参加しているか」など、複雑多岐な幅のあるものとしてとらえている。

こうして見ると、倫理学者の川本隆史が、ケイパビリティを「生き方の幅」と訳出しているのは、まさに的を射ている。川本によれば、「ケイパビリティ・アプローチ」とは、「彼女／彼ができること、そうなれる状態、つまり「生き方の幅」（ケイパビリティ）でもって当人の暮らしよさ（福祉）を評価するところに、この方法の眼目」があるという（『応用倫理学講義4・経済』川本隆史、岩波書店）。

自由とアイデンティティ

もう一度「ケイパビリティ（潜在能力）」にもどろう。センは、「潜在能力とはすなわち、人間の生命活動を組み合わせて価値あるものにする機会であり、人にできること、もしくは人がなれる状態」であるという（「人権を定義づける理論」）。また同じように、「機能」を「ひとがなしうること、あるいはなりうるもの」と定義する。つまり、潜在能力であれ機能であれ、それらの概念には二つの重要な意味が込められている。それは、自由とアイデンティティである。

私なりに補足を試みるならば、ひとが「なしうること」とは、すなわち「自由」を意味する。そして、「なりうるもの」とは「アイデンティティ」を意味する。人が自分なりの生き方や暮らしに価値を見出す際、自分の判断にもとづいて自由に決定できることと、多様なアイデンティティの選択肢が重要である、とセンは主張する。

それは、次のようなことだ。ある人が、ジェンダーや階級、言語、職業、国籍、所属するコミュニティ、人種、宗教など複数のアイデンティティを有しているにもかかわらず、その人をただ一つのアイデンティティしかもっていないと見なしてしまうと、それは、その人が自分自身のアイデンティティを決める自由を否定することになってしまう（セン『正義のアイデア』明石書店）。人間はアイデンティティの束である。自由に生きるためには、互いに自分の中にある多様なアイデンティティを自然なものとして受け入れることだ。それは、「人の存在のよさ」を認め合うことだ。そうしてこそ、人は「よい生き方」や「よい暮らし」に向かうことができる。

私は思う。魂の世話をよくすれば、きっと「人の存在のよさ」が見えてくるはずだ。まず、〈私〉という「存在のよさ」が。そして、他者という「存在のよさ」にも気づくだろう。センのケイパビリティ（＝生き方の幅）の思想は、〈私〉にそのように教えてくれる。

第25章　双方向の共生のこころみ

キムリッカの「多文化的市民権」論

多民族国家ニッポンの様相

沖縄の本土復帰四十年にあたる二〇一二年五月十五日に、大阪の大正区で開催された映画とトークイベント「記録の記憶の記録」に行った。会場にいる人々の多くが、容姿や話し言葉から、沖縄出身の人たちだとわかる。

それもそのはず、大正区にはたくさんの沖縄人（ウチナンチュー）が生活している。商店街を歩くと、あちこちで沖縄の魔除《まよ》けのシーサー（焼物の唐獅子像）に出くわす。そこここに沖縄料理店がある。飲み屋では、泡盛を飲み干しすっかり陽気になった人びとが、三線《さんしん》と呼ばれる沖縄三味線のリズムに合わせて、踊っていたりする。ここは沖縄か、と錯覚してしまう。

紡績、鉄鋼、製材工場などが集中する大正区には、百年も前から働き場所を求めて、沖縄人が移り住むようになった。今では区の住民約六万九千人のうち、四人に一人が沖縄出身者かその子孫だという。三万人近い在日朝鮮人・韓国人が居住する生野区《いくの》が、大阪のコリアンタウンなら、大正区はさしずめ大阪のオキナワである。横浜や神戸の中華街をはじめ、日本各地にこうした異民族・異文化の街が散見する。群馬県大泉町と愛知県豊田市には、日系ブラジル人とペルー人の街があり、横浜のタイ人街、東京の江戸川区のインド人街、神楽坂や飯田橋あたりのフランス人が多く住む街などがある。日本はますます多民族国家の様相を呈してきている。

オキナワの人びとの感情

二〇一一年十二月、沖縄タイムスと琉球放送が、沖縄県民意識調査を実施した（沖縄タイムス二〇一二年五月十日の社説参照）。それによれば、七二％の回答者が、本土のニッポン人との間に違いを感じると答えた。言葉や時間感覚、冠婚葬祭などの生活習慣の違いを感じるのはあたりまえのことで、大方の沖縄人にとって、ニッポン文化との間に差異があるのは、当然で自然なことである。ところが、基地問題になると、話はガラリと変わる。本土と沖縄との間の認識の違いは、政治の世界がもたらしたゆがみであり、けっして自然な感情ではない。

また別の世論調査（沖縄タイムスと朝日新聞が二〇一三年四月に実施した共同世論調査）の結果は、回答者の六三％が、本土の人たちが沖縄を理解しているとは思わないと答え、五〇％の回答者が、沖縄の基地がなくならないのは本土による沖縄への差別だと感じている。政府は、基地問題をあくまで沖縄に押しつけ、本土に飛び火しないよう取り繕ってきた。政党を問わず一貫して変わらない政府の姿勢に対するオキナワの人びとの失望と不信が、「ゆがみ」や「差別」、「不公平さ」の感情として、胸の内に凝縮している。基地は「沖縄人のアイデンティティ（主体性）を奪っている存在」である（大城立裕「カクテル・パーティー」、朝日新聞二〇一二年六月十二日）。

このように沖縄人は、文化の差異を自然な感情と思いつつ、政治の世界では、本土やニッポン人（ヤマトンチュー）から差別されていると感じている。

ある女子学生の試み

私と沖縄人との関わりは、仕事柄、学生がほとんどである。大学院生時代には、毎夏、沖縄渡嘉敷島でゼミ合宿を行なった。私が大阪経済法科大学で教える「多文化共生論」やその他のゼミは、毎年のように沖縄出身の学生が受講する。

そのなかの一人、沖縄県恩納村《おんなそん》出身の玉城史沙世《たまきみさよ》さんは、とてもユニークな企画プロジェクトを立ち上げた。その名も「八尾人《やおんちゅ》クラブ」。大学進学とともに大阪の八尾にやってきた彼女は今、「八尾人《やおんちゅ》クラブ」を発足させて、八尾の人びとと沖縄人との橋渡しの活動を活発に行なっている。それはこんなクラブだ（彼女の話と、八尾ふれあい情報誌『ふれマガ』の記事をまとめた）。


――私は「基地っ子」。生まれたときから「基地」があったし、当たり前だった。基地に対する大した違和感も、悪感情もなく育った。

でも本土に対しては違う。沖縄から八尾に来る前、「ガラの悪い所、治安の悪いまち」と聞かされていた。でも、実際に来てみると、大学は山の近くにあって、自然の豊かな場所だった。何より驚いたのは、近所の人たちの優しさと飾り気のなさ。町を歩くと気軽に声をかけてくれたり、風邪を引いて寝込んだときには心配して会いに来てくれたり、野菜を分けてくれたり、とても暖かい。それが自然な人たちだ。

でも優しい八尾の人たちは、自分たちの魅力に気づいていない。「それはあまりにももったいない」と思って、八尾の魅力についてアンケート調査を実施した。百人を超える八尾市内外の人びとからもらった回答を元に、二〇一〇年十月七日に開催された「八尾の魅力発信プロジェクト」で発表した。これを機に、大学のゼミや八尾市民の仲間ができて、八尾環境フェスティバルなどのイベントで発表、FMちゃおに出演したり、フジテレビのニュースJAPANの取材を受けたりした。日本経済新聞と経済産業省主催の「社会人基礎力育成グランプリ近畿地区予選大会」にも出場した。

こうした活動を経て、十一月十八日に「八尾人《やおんちゅ》クラブ」の発足にこぎつけた。今進めているのは、「八尾暮らしを体験するホームステイ企画」や、「八尾と沖縄の交換留学体験」だ。「八尾の人たちが八尾の魅力に気づくことで、八尾のまちがもっともっと素敵なまちになること」が、自分の願いである。――

沖縄人とニッポン人（ヤマトンチュー）との出会いと交流の場「八尾人《やおんちゅ》クラブ」は、マイノリティの側からのホスト民族との共生の試みである。それはいうならば、文化的な差異を自然感情とする沖縄人が、差別を感じるニッポン人（ヤマトンチュー）と共生する実験である。ちょっと大げさにいえば、「多民族国家ニッポン」における文化の異なる者同士の交流と共生の練習である。

キムリッカの「多文化的市民権」論

多民族国家におけるマイノリティの権利と共生の問題と格闘した哲学者に、カナダ出身のキムリッカがいる（私のイギリス留学時代の修士論文のテーマが、『キムリッカの多文化的市民権と在日コリアン』である）。キムリッカは、マイノリティの権利と共生に関して、「多文化的市民権」を提案した（『多文化時代の市民権——マイノリティの権利と自由主義』角田猛之他監訳、晃洋書房）。

キムリッカの多文化的市民権は、個人の自由と自律の原理と、平等主義の原理にもとづいて、マイノリティの権利を擁護する。その中心概念が、「社会構成的文化」と「集団別権利」である。自由や自律の原理は「社会構成的文化」に結びつき、かたや平等の原理は「集団別権利」を根拠づける。といってもすぐには何のことやらわからないだろう。だから、次に詳しく説明しよう。

まず「社会構成的文化」について、キムリッカの定義をかみ砕いて言い表わせば、次のようになる。

> 社会構成的文化とは、私的であれ公的であれ、すべての人間の活動の範囲、たとえば社会生活、教育、宗教、余暇、経済生活などにわたって、生きるために重要なさまざまな意味を提供する文化のことだ。

だったら社会構成的文化などといわずに市民社会とその文化といえばいいのに、と思ってしまうかもしれない。だが、キムリッカがあえて「社会構成的文化」というのは、個人の自由の実現を保障する「場」としての文化に、大きな位置と役割を見出すからである。したがって個人の自由や自律（選択の自由や自己決定）は、「社会構成的文化」において初めて意味を付与される。

注意を要するのは、少し前にはやったサンデルやテーラーのようなコミュニタリアン（共同体論者）が主張する、めざすべき価値としての文化や民族ではなく、キムリッカがいうのは、あくまでも個人が活動し、人生の意味を自分自身で選び取る「場」である。コミュニタリアンは、個人は単に「抽象的な人格」をもつ存在ではなく、自分が属する共同体から与えられるアイデンティティが個人の人格を構成すると主張する。したがって、〈私〉の人生の意味や価値は、共同体のアイデンティティと結びついている。コミュニタリアンにとって、共同体の価値や「善」は、人生の目的や生きる意味として個人に与えられるものであって、断じて選択したり変更・修正したりできるものではあり得ない。しかしキムリッカは、文化や民族・エスニックアイデンティティなどの属性は、いつでも変更や修正が可能であると考える。

先に述べたように、言葉や時間感覚、冠婚葬祭などの生活習慣の違いを、自然な感情ととらえる大方の沖縄人《ウチナンチュー》は、どこで暮らしても自然なままの沖縄人《ウチナンチュー》でいたいと思っている。そうした沖縄人《ウチナンチュー》にとって本土ニッポンの社会が、「社会生活、教育、宗教、余暇、経済生活」にわたって、諸々の有意味な生き方を提供する文化（社会構成的文化）になれば、幸いである。日本社会が外国人や文化が異なる人びとに対して、「日本文化」や「日本人性」を押しつけることなく、それぞれのマイノリティが自由に選び取れる「社会構成的文化」に変貌する条件は何だろうか。事実上、多民族国家への道を歩み始めた日本社会が直面する課題である。

「集団別権利」の概念

つづいて「集団別権利」の概念。マイノリティの権利論における従来の論点は、「集団的権利」であった。「集団的権利」は集団一般を権利主体とみなす。だが、キムリッカの「集団別権利」は、特別な理由がある場合に限って、特定のマイノリティに対して権利を与えるべきだと考える。特別な理由とは、文化的属性などの理由によって、マイノリティが実際の差別や不平等をこうむっているということだ。文化的なアイデンティティの差異を理由にした差別や不平等は不当である。よって不当な社会的差別や不利益を是正するのに、そのマイノリティに特別な権利を付与するのは当然である、という主張だ。集団別権利の付与によって、マイノリティへの差別を正し、平等を実現するというのだ。

たとえば、日本においては、アイヌの人びとや在日コリアンのように、長い間、実際に不当な社会的差別や抑圧・迫害を受けてきたマイノリティに対して、公的機関が何らかの差別是正策を講じ、政治的な承認を行ない、彼らを尊厳ある人間として扱い、さらにマイノリティとしての経済的・社会的・文化的権利を認めることには、正当な根拠がある。先に紹介したように、大勢の沖縄人が、沖縄の基地の存在と政府の対応を、本土による沖縄への差別だと感じている。基地は「沖縄人のアイデンティティ（主体性）を奪っている存在」である、とみなしている。それゆえ、長年にわたって基地によって苦しめられ、差別されてきた沖縄人の「集団別権利」を認めて、一日も早く基地を撤廃し、今後沖縄には二度と基地の存在を認めないでほしい。こうした主張は、現在の日米安保条約の下では荒唐無稽だろうか――。

共生は双方向の過程である

集団別権利を容認するうえで、キムリッカは重要なことを指摘している。それは、共生は双方向の過程であるということだ。マイノリティがホスト社会への順応を求められるように、ホスト社会もマイノリティが順応できるように、社会的基盤や条件を整備しなければならない。ホスト社会とは、多数派が支配する社会のことだ。たとえば、中国は、人口の九割以上を占める漢民族がホストの社会である。あるいは、カナダは、憲法で英語とフランス語の二言語が公用語として定められているから、英国系およびフランス系の人々がホストの社会といえる。

では、オキナワとニッポンの関係はどうだろうか。ホスト社会「ニッポン」に要求されるのは、第一にオキナワと沖縄人《ウチナンチュー》に対する偏見や差別と闘うという、確固たる努力である。第二に、「差異の包容」である。この意味では、大正区にある「大阪のオキナワ」の街の存在意義は大きい。そこでは、沖縄人《ウチナンチュー》が、文化的に異なる姿のまま生活しているからである。

また、「八尾人《やおんちゅ》クラブ」のような個人の発信も、現場からの「差異の包容」として大きな可能性を感じる。なによりも「八尾人《やおんちゅ》クラブ」のユニークさは、沖縄人というマイノリティの中のひとりの女性が、八尾のマジョリティの人びとに、「自分自身を大切にしてほしい」というメッセージを投げかけたことだ。これは、従来の差別される側のマイノリティによる、差別するホスト民族への異議申し立てとは、方向の違う問題提起である。「差別される〈私〉を見て！」という叫びではなく、「差別している貴方のよさを知って！」という声に、マジョリティの八尾人は気づかされるのだ。ニッポン人としての八尾人は、マイノリティからの視線によって、自分もまたマイノリティと同じ市民であると気づかされる。八尾人《やおんちゅ》という言葉には、ニッポン人と沖縄人《ウチナンチュー》が互いのアイデンティティを尊重し会う、多文化的市民としての響きが感じられる。それが八尾人《やおんちゅ》のもつ新しさと可能性である。

第26章　人権観を作り直す

人権に対する根強い違和感

先日、私が担当する大阪経済法科大学の「現代と人権」の授業で、学生たちに人権に関してつぎのような質問をした。その際、予断を避けるため、前もって一切、人権について説明や定義めいた話はしないでおく。クリッカー（応答用のリモコン機器）を手にした学生の回答は、即座に集計される方法だ。

質問——君たちは、「人権」ということばを聞いて、どのようなイメージをもつか。つぎの五つの項目それぞれに、該当する方を選びなさい。①「堅い」か「柔らかい」か、②「厳しい」か「優しい」か、③「暗い」か「明るい」か、④「威張っている（権威的）」か「笑っている」か、⑤「怖い」か「楽しい」か。

有効回答数は、六十一名。集計結果はつぎのとおりである。①「堅い」と答えた学生数が五十四名（八八％）に対し、「柔らかい」は七名（一一％）、②「厳しい」は四十六名（七五％）、「優しい」は、十五名（二五％）、③「暗い」は三十七名（六〇％）、「明るい」は二十四名（三九％）、④「威張っている（権威的）」は四十二名（六九％）、「笑っている」は十九名（三一％）、⑤「怖い」は三十八名（六二％）、「楽しい」は二十三名（三八％）。

授業の終わりに回収した学生たちのコメントシートには、人権について「いいイメージが浮かんでこなかった」「怖いと感じた」「（人権の）法としては弱者に対して権利や利益を守るなどといったものと思っています」「悪いイメージがほとんどですが、今は、男女差別や人種差別がなくなりつつあり、良い方向にむかっているように思えます」といった感想が述べられていた。

文部科学省の委託によって作成された、人権教育の教科書『人権に関する学習の進め方』（国立教育会館社会教育研修所）は、日本における人権教育が〝カキクケコ〟モデル、つまり「知識詰め込み型」の教育に偏っていると指摘している。その結果、人びとは「人権」に対して違和感を覚えるようになっている、というのだ。

冒頭の学生たちの回答は、七割の学生たちが、人権に対して「堅い（かたい）」「厳しい（きびしい）」「暗い（くらい）」「権威的（けんいてき）」「怖い（こわい）」と感じていることを示している。このそれぞれの頭文字をつなげると、「カ・キ・ク・ケ・コ」となる。これが意味するのは、学生諸君が人権に対して有する強い違和感である。日頃、人びとがもっている人権への感情は、少なくとも親しみや近しさではない。むしろ遠くて近寄りがたいイメージを抱いている。普遍的人権、すなわち生まれながらに誰もが享受しているという権利は、本来の意味とは裏腹に、人びとには反論できない絶対的な「権威」として受け取られている。権利を権威と受けとめる違和感、人権に対する人びとのもつこうした違和感は、思いのほか根深いのである。

違和感の背景

人権教育の〝カキクケコ〟モデル、すなわち「知識詰め込み型」教育を支えているのは、道徳的で義務的な人権論である。そこでは、教師が学生たちに、人間の尊厳を掲げていのちの大切さを謳い、自分よりも困っている他者の人権を優先すべしと教え、「よい人間」に導こうとする。しかしたいがいの学生には、人権の教えは道徳的な説教に聞こえ、権利ではなく義務の要請と感じられるのである。

こうした道徳的な教えや義務心の発揮の要請に対して、今日多くの人びとが、心の底に違和感を抱いてしまうのだ。その結果、本音と建て前との使い分けという事態が出来《しゅったい》する。差別・人権という言葉や具体的な人権問題を前にして人びとはたじろぎ、関わりを避けて恐る恐る通り過ぎようとする。表向きは人権尊重の呼びかけには誰も反対しないし、またできない。が、内心は恐々《こわごわ》で関わりたくない、と思っている。面従腹背、ふつうの人びとにとって、人権はよそよそしい、借り物で使えそうにもない「宝の持ち腐れ」となっている。人権に関する一切の思考は停止し、人権を自分の生活や人生に深く関係する事柄として考えられなくなっている。いわば、人権は「死んだ思想」になっている。

二つの人権原理を使いこなす

本書で私が試みたのは、道徳から哲学への、人権の視点の変更であった。それは、人権を他人行儀なものから、〈私〉に親しみやすいものとしてとらえ直すことだ。人権を、「死んだ思想」から「生きた思想」へと連れ戻すことでもある。人権思想を「生きる」とは、生活や人生で生じる差別や人権に関するさまざまな出来事を、〈私〉自身の「生きた経験」として感じ、考え、判断することだ。

いま、ここで、自分の体験に立ち戻って思い起こしてみよう。これまでのあなたの人生におけるさまざまな出来事を思い出し、その経験がどのような意味をもつのか、を考えてみよう。愛する家族や恋人と過ごした時間、ライバルとの葛藤、二度と顔も見たくないほどの言い争いをしたのに、会って顔を見ればほっとする友人の存在、学校で差別やいじめを受けたこと、職場で干されたこと……。いろいろな経験をとおして、それらの意味が、自分のなかにさまざまな言葉や思いとして詰まっているはずだ。そうすることによって、権利や正義、差別や平等、人格や人間の尊厳といったたくさんの言葉が、単なる字面としてではなく、「生きた思想」の言葉として、〈私〉の暮らしや人生に活かされる。

私は本書で、道徳的な人権の説法に対する、人びとの拭いがたい違和感をとりのぞき、人権を哲学として、すなわち、〈私〉の生活と人生を豊かにするアート（道具）として、使いこなせる道を探ろうとしてきた。先人たちが熟考して作り上げてきた人権思想を深く考察すれば、全く相異なる二つの原理にもとづく人権観が見出せる。私はそれらを、価値的人権原理とルール的人権原理と名づけた。

一方の価値的人権原理は、人間の尊厳という絶対的な価値にもとづく、義務的な人権論である。それはいつも、困っている他者や社会的弱者の人権回復を優先せよ、と説く。他方、ルール的人権原理は、超越的な価値を仮構せずに、人びとの合意や同意に由来する、自発的な人権論である。そこでは、人びとは己れの欲望から出発しながら、互いの自由を認めあうことができる。

大切なことは、二つの人権原理の特性を知り、使いこなすことである。それぞれの人権原理が効果を発揮する場面は異なる。現実の生活においては、困窮する他者の権利が優先される局面があったり、対立する当事者同士が、話し合いによる和解を求められたりする。社会のなかのさまざまな差別や人権の問題を解きほぐすために、二つの人権原理がうまく活かされ、力をふるうことが肝要なのである。

来たるべき「共生社会」とは

本書の冒頭で述べたように、日本社会には、先住民族としてのアイヌ民族や在日コリアンをはじめとする従来のエスニック・マイノリティの存在に加え、グローバリゼーションの進展に伴い、今後膨大な数の外国人労働者たちが流入してくる。また現在、被差別部落出身者、女性、障害者、HIV患者、ハンセン病などのさまざまなカテゴリーのマイノリティが存在する。こうした「外からの」マイノリティと「内なる」マイノリティは、日本社会の単一民族神話の幻想のなかで、長年にわたって排除され、差別・抑圧されてきた。求められるべきは、文化や価値観の異なるすべての人間の価値を肯定した、いわば人権概念に立脚した「開かれた」共生社会である。

　この点に関して、私の見解を述べるならば、文化的な多様性を受容し「開かれた」共生社会に向かうためには、一方では、実際に差別や不平等に晒されているマイノリティに対しては〈価値的人権原理〉で望みながら、長期的には〈ルール的人権原理〉に基づく「開かれた」共生社会を構想する、というものだ。とりわけ共生社会を実現するうえで、〈ルール的人権原理〉にもとづいた普遍的人権が大きな役割をはたす。というのは、文化的な多様性を受容し、文化や価値観の異なる人びとの存在を受け入れるためには、まず互いの差異を尊重し、自由を相互承認することによって共通了解を進めることが、なによりも重要だからだ。

　社会においてさまざまなマイノリティに対する差別や不平等が現実に存在する限り、〈価値的人権原理〉が求められる。身体的差異や性別の違い、出身や身分の相違などのさまざまな属性を理由にした、マイノリティに対する差別は、往々にしてマイノリティに属する人びとの尊厳を否定しかねない。差別され人格を否定された者は、自尊心を傷つけられ、自信をなくし、自分自身を卑下してしまう。自分の周りの人間が自分を馬鹿にしているように思え、信じられなくなる。そんな状態を脱するには、自分を信じるか、自分を愛し信じてくれる他者の出現を待つしかない。差別された者が自信を回復するには、単に差別の不当性を非難し訴えるだけでは不十分である。必要なことは、再び自らを人間として肯定することだ。

　このとき、〈価値的人権原理〉が力を発揮する。「すべての人間は、生まれながらにして自由であり、かつ、尊厳と権利とについて平等である」、という世界人権宣言のことばに示される〈価値的人権原理〉、すなわちどのような文化や宗教、民族に属していようとも、人は人間としての尊厳をもち、人格として平等であるという思想は、マイノリティをはじめ被差別者を励まし勇気を与えるものだ。〈価値的人権原理〉の考え方は、現実の社会がいまだにもっている差別や抑圧的な要素に対して、これらを是正するために一定の効果が期待できる。さらに、マイノリティの文化を守りながら生きようとする人々の権利を擁護するために、現実にとりうる方策や政策に取り入れることも可能だ。

しかし、社会的公共性やマイノリティの社会的統合という観点、あるいは共同体からの個人の自由の確保という観点から見た場合、次に述べるように、〈価値的人権原理〉よりも〈ルール的人権原理〉がはたす役割が大きくなる。

ひとつの共同社会として現実の市民社会は、時代の変化とともにつねにいくつもの世代が共存し、さまざまな民族・宗教や価値観、さらに千差万別の個性を持つ諸個人によって構成される。いわば社会的に流動する現実の市民社会において、さまざまに異なる価値観や文化的アイデンティティをもつ人びとが共に生きていくためには、差異を互いに認めあいながらも、徐々に差異を軽くし、差異を問わない市民社会に成熟していくための条件と道筋が求められる。そのとき最も大切なことは、一人ひとりが互いに他者を自由な存在として承認し合うこと、すなわち、「自由の相互承認」である。市民社会のルール関係を形成するのは、諸個人の自由の相互承認にほかならない。

〈ルール的人権原理〉による普遍的人権にもとづく「開かれた」共生社会では、人びとは、法

（＝ルール）の下で自由で平等である。人びとは、法・制度（＝ルール）の下で、対等の立場で相互の自由を尊重しつつ、己れの生の欲望を自由に追求したり、自分なりの価値ある人生をめざしたり、それぞれの願う「善い生き方」をめざすことができる。

このとき、差異を理由にした社会的差別や不平等は一切、正当化されてはならない。そこで求められるのは、文化的アイデンティティや歴史観の共有ではなく、ルールにもとづく関係、すなわち、市民性（＝市民的アイデンティティ）である。市民的アイデンティティをもつ個人、つまり市民とは、公共的なもの、言いかえれば、「みなにとって共通の事柄」につねに関心を持ち、考え、判断し、責任を持って行動する人間のことである。

市民社会と市民に関して、ヘーゲルのつぎのような洞察がある。ヘーゲルは、現実の市民社会は、諸個人が自由に己れの欲望を追い求めることができる場である限り、そこにはさまざまな社会的問題が生じ、多くの困難がもたらされることを深く理解していた。個人の「欲求の体系」が織りなす場としての市民社会では、果てしなくくり返される欲望の追求の末にもたらされるのは、貧困と欠乏、差別や不平等、享楽や倫理的頽廃などである。

しかし、市民社会が単なる「欲求の体系」である状態を克服しうる原理を、それ自身でもち合わせていることを、見落としてはならない。それは、〈ルール的人権原理〉にもとづく普遍的人権である。市民社会においては、諸個人は市民として自らの意志で、さまざまな問題を克服できるフェアなルールを、つねに作り出していける可能性をもつ。〈ルール的人権原理〉による普遍的人権によって、欲望の追求から生じる諸々の困難を解決するために、人びとの同意に基づいて、新たにルールを書き加えることができるのだ。

この点に関して、最後に再び、自由の相互承認論のもつ意義を強調しておきたい。ヘーゲルは欲望の自由から出発し、自由の相互承認をめざす。自由の相互承認論は、特別な知識や技量がなくても、誰にとっても、いつでも、どこからでもはじめることのできる普遍的な原理である。いわば普通の人びとに届く思想である。自己中心性をもつ人間同士が、対立し、衝突しながらも、それぞれの〈思・想〉の力を発揮して、対話を通して互いの欲望や自由を認め合うことができるからだ。

日々の生活の中で困っている他者に遭遇したり、社会が抱えるさまざまな困難を目の当たりにしたとき、それを自分の問題として受けとめ、自分はどうしたいのか、自分はなにができるのかを思い悩む。そのとき大切なことは、自分への配慮から出発して、考え、行動することである。それは、人権を建て前ではなく、「生きた思想」として捉えることであり、価値とルールの二つの普遍的人権原理を使いこなすことである。そこに「人権を哲学する」意味がある。

誰もが、普遍的人権思想を、自分の「技法」として身につけ、使いこなせることができるように願いながら、筆を擱《お》くことにする。

あとがき

本書は、月刊誌『ヒューマン・ライツ』（部落解放・人権研究所編集発行）に、二〇一〇年初めから二〇一二年末にかけて連載したエッセイ「人権を哲学する」を、大幅に手直しして書き下ろしたものだ。この連載は、人権に関心を持つ幅広い読者に向けた、いわば人権の初学者向けのエッセイだった。書籍化に際して、多くの人々、とりわけ若者たちが人権に興味や親しみを感じることができるものにしたいと考え、全面的に改稿し、結果的に書き下ろしに近いものになった。

「人権を哲学する」とは、人権を建て前ではなく、自分の生活と人生を豊かにする〈技法〉として使いこなすことである。それは、道徳から哲学へと、人権を見る視点を変更することであり、人権を「死んだ思想」から「生きた思想」へと取り戻すことである。わかりやすくいえば、人権をよそよそしいものではなく親しいものとして身につけることだ。そのために、本書ではそれぞれの章で、私のこれまでの人生における諸々の出来事や、その折々に感じたり考えたりしたことを語るようにした。

「人権を哲学する」とは、なぜ人権が普遍的といえるのか、その根拠や原理を探ることである。「普遍的」とは、いつでも、どこでも、誰でもが、「その通りだ」と同じように了解できることをいう。人権を普遍的なものとして広めるために、近代哲学者たちは血の滲むような努力をしてきた。本書では、そのような近代哲学者たちの思想のエッセンスを取り出し、わかりやすい説明を試みた。

冷戦後も、国際社会では、多くの問題が深刻化した。飢えと貧困に苦しむ「南」の人びと、「北」に広がる格差や人権侵害、世界各地で激化する民族紛争や宗教対立、そして新たな人種差別と排外主義も台頭した。それは、ひと言でいえば「価値対立」という事態である。日本社会も、冷戦後には新たな局面に突入した。グローバリゼーションが進むなかで、日本は本格的な国際化・少子化・高齢化の時代を迎えた。先住民やさまざまなカテゴリーのマイノリティの人々に加え、日本で暮らす外国人が年々増えている。彼らは、日本人とは文化や価値観を異にする人たちだ。そうした人びとが、地域社会に受け入れられ、政治や社会活動に参加し、共に生活できるような社会のあり方が求められている。いうならば、「文化的多様性の受容」と「共生社会の実現」である。

国際社会が格闘する価値対立という課題と、日本社会が直面する文化的多様性の受容と共生社会の実現という課題に向き合い、それらを解決するための、ほとんど唯一の「武器」こそ、「普遍的な人権」思想である。

普遍的人権概念を、誰もが使いこなせる〈技法〉として鍛え直したい。そういう思いを、私は本書に込めた。一人でも多くの読者に、私のこの気持ちが通じ、人権の思想が日本の社会に根付くのに、本書が役立ってくれれば、それにすぎる望みはない。

最後に、本書の出版に至るまで励ましと助言をいただいた、たくさんの人びとにお礼を申し上げたい。だれよりもまず、雑誌連載時の編集長の西村寿子さんに感謝したい。西村さんは、連載終了後に書籍化して出版することを快諾してくださった。この場を借りて、西村寿子さんと部落解放・人権研究所にお礼を申し上げたい。

また、哲学徒としての私の師であり友でもある竹田青嗣さんと西研さんにも、心からお礼を申し上げたい。お二人とも多忙ななか、拙稿をじっくりと読み通して、たくさんの重要な助言をくださった。お二人の貴重なアドバイスは、本書のなかにしっかり活かされたと信じている。

さらに、昨今の厳しい出版業界にあって、本書の出版を快く引き受けてくださったトランスビューの中嶋廣さんに、お礼を申し上げる。今回の本の執筆・校正作業をとおして、私はあらためて「よき編集者は、第一のよき読者である」ということを実感した。その意味で本書は、執筆者金泰明と編集者中嶋廣の、二人の共同作業の賜である。本書の執筆を終えた今、心からそう思う。

二〇一四年二月

著　者

金泰明（きむ・てみょん）

1952年大阪市生まれ。在日韓国人政治犯を救援する家族・僑胞の会事務局長（1976～90）、在日韓国民主人権協議会共同代表（1990～95）を経て、明治学院大学大学院国際学研究科で近代哲学と現象学を学ぶ。博士（国際学）。英国エセックス大学大学院人権理論実践コースで哲学・倫理学・政治学を学び、M. A. を取得。現在、大阪経済法科大学法学部教授。専攻は人権学（マイノリティの権利論、共生社会論）と法哲学。著書に『マイノリティの権利と普遍的人権概念の研究』『共生社会のための二つの人権論』（共にトランスビュー）、『欲望としての他者救済』（NHKブックス）がある。

人権は二つの顔をもつ

二〇一四年四月五日　初版第一刷発行

著　者　金　泰明
発行者　中嶋　廣
発行所　株式会社トランスビュー
東京都中央区日本橋浜町二―一〇―一
郵便番号一〇三―〇〇〇七
電話〇三（三六六四）七三三四
URL http://www.transview.co.jp

印刷・製本　中央精版印刷

ISBN978-4-7987-0147-9 C1036